保育実践と
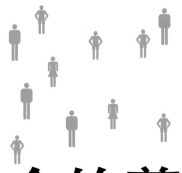
社会的養護

井村圭壯・相澤讓治 編著

keiso shobo

はしがき

　社会的養護について，厚生労働省は「保護者のない児童や，保護者に監護させることが適当でない児童を，公的責任で社会的に養育し，保護するとともに，養育に大きな困難を抱える家庭への支援を行うこと」とし，「子どもの最善の利益のために」と「社会全体で子どもを育む」を理念として行われるべきことを明らかにしている．2015（平成 27）年 7 月の同省資料「社会的養護の現状について」によれば，保護者のない児童，被虐待児など家庭環境上養護を必要とする児童などに対し，公的な責任として，社会的に養護を行うものであり，対象児童は約 4 万 6 千人であるとされる．

　今，社会的養護のあり方はこれまでと大きく変わろうとしている．施設の小規模化や機能の地域分散化による家庭的養護の推進が唱えられ，各施設において「家庭的養護推進計画」，都道府県においても「都道府県推進計画」がそれぞれ策定されている．国の予算面においても児童養護施設等の職員配置の改善がなされる等の進展がみられる．国際的な水準に合わせるべく諸課題を解決していくことは容易ではないが，着実に実施され，社会的養護を必要とする子どもたちの生活と幸せが守られなければならない．

　制度・予算面の充実とともに，現場で日々実践している保育士をはじめとする専門職が社会的養護の仕組みをしっかりと理解し，それを子どもと保護者を援助する場面で役立てることが求められる．

　本書は厚生労働省の指定保育士養成施設指定基準に定められた科目「社会的養護」の目標・内容を満たすテキストである．指定保育士養成施設指定基準において，「社会的養護」は目標として，①現代社会における社会的養護の意義と歴史的変遷について理解する，②社会的養護と児童福祉の関連性および児童の権利擁護について理解する，③社会的養護の制度や実施体系等について理解する，④社会的養護における児童の人権擁護及び自立支援等について理解する，⑤社会的養護の現状と課題について理解する，という 5 点を

掲げている．保育士資格取得を目指し学習を進められる方々が本書を活用してこれらの目標を達成することができるよう必要にして十分な記述になるように努めた．また，同基準では取り上げるべき内容として，(1)現代社会における社会的養護の意義と歴史的変遷，(2)社会的養護と児童家庭福祉，(3)社会的養護の制度と実施体系，(4)施設養護の実際，(5)社会的養護の現状と課題が示されている．これらは個々別々に存在するのではなく，相互に深い関連があるから立体的に捉えなければならない．実際の社会的養護の場面でも，支援者はこれらを総合的に考えて子どもを取り巻く課題の緩和・解決に取り組んでいかなければならない．このため，読者が社会的養護の全体像や内容相互の関係性をつかみやすいように配慮した．社会的養護の分野においても次々と新しい制度・政策が打ち出され，統計情報も更新されているので，それらもできるだけ取り入れた．

　本書は，標準的なテキストとして必要とされる水準を維持しつつ，短期大学等の保育士養成課程で学ぶ学生などの初学者にとって分かりやすい記述に努めている．一方で，児童養護施設等の社会的養護の現場に携わる方々にも，現状を理解し社会的養護のあり方を考えていただくための素材を示すことができると確信する．ぜひ多くの方に読んでいただきたい．

　本書の執筆，編集にあたっては，各執筆者の方々，そして勁草書房編集部の関戸詳子さんには大変お世話になった．紙面を借りて感謝申し上げる．

　　　2015 年 10 月 4 日

編　著　者

目　次

はしがき　i

第1章　社会的養護の定義と理念 …………………………………… 1
第1節　社会的養護の定義 ……………………………………… 1
1　児童福祉法制定時の「社会的養護」の定義／2　現在の「社会的養護」の定義
第2節　社会的養護の機能と基本的方向性 …………………… 3
1　社会的養護の機能／2　社会的養護の基本的方向
第3節　社会的養護の理念と基本原理 ………………………… 5
1　社会的養護の理念／2　社会的養護の共通原理

第2章　社会的養護の歴史 …………………………………………… 11
第1節　西洋における歴史 ……………………………………… 11
1　イギリスにおける社会的養護の歴史／2　アメリカにおける社会的養護の歴史／3　近年の欧米諸国における社会的養護の捉え方
第2節　日本における歴史 ……………………………………… 16
1　明治以前の児童救済／2　明治期の先駆者たち／3　大正から昭和初期にかけて／4　戦後の浮浪児対策と養護実践／5　高度経済成長以降の新たな養護問題／6　児童虐待防止法の制定と近年の動向

第3章　児童家庭福祉の一分野としての社会的養護 …………… 25
第1節　児童家庭福祉と社会的養護の関連性 ………………… 25

　　　　1　家庭的養護を支える社会的養護の体系／2　社会的養護の課題と将来像
　　第2節　児童の権利擁護と社会的養護 …………………………………… 28
　　　　1　社会的養護と子どもの権利／2　「児童の権利に関する条約」以後の流れ

第4章　児童の権利擁護と社会的養護 ……………………………………… 33
　　第1節　児童の権利擁護の規定 …………………………………………… 33
　　　　1　基本的人権／2　「児童の権利に関する条約（子どもの権利条約）」／3　児童の権利擁護に関するその他の規定
　　第2節　児童の権利擁護の具体的取り組み ……………………………… 35
　　　　1　施設運営指針における権利擁護／2　子どもの権利ノート／3　施設内虐待防止（被措置児童等虐待防止）／4　社会的養護関係施設の第三者評価事業と自己評価

第5章　社会的養護の制度と法体系 ………………………………………… 43
　　第1節　社会的養護と児童福祉法 ………………………………………… 43
　　　　1　児童福祉の原理／2　要保護児童と措置／3　被措置児童等虐待の防止
　　第2節　児童福祉法以外の法律と厚生労働省 …………………………… 45
　　　　1　社会福祉法／2　次世代育成支援対策推進法／3　厚生労働省
　　第3節　社会的養護にかかわるその他の法令・通達 …………………… 46
　　　　1　児童福祉施設の設備及び運営に関する基準／2　里親が行う養育に関する最低基準／3　各施設の運営指針，里親及びファミリーホーム養育指針／4　里親制度運営要綱／5　その他

第6章　社会的養護の仕組みと実施体系 ……………………… 51
第1節　児童福祉の実施機関 ………………………………… 51
1　市町村・都道府県／2　福祉事務所／3　児童相談所
第2節　児童福祉施設 ………………………………………… 53
1　乳児院／2　母子生活支援施設／3　児童養護施設／4　障害児入所施設／5　情緒障害児短期治療施設／6　児童自立支援施設

第7章　家庭養護と施設養護 ……………………………………… 59
第1節　児童養護の分類 ……………………………………… 59
1　児童養護の体系／2　家庭養護の推進
第2節　家庭養護 ……………………………………………… 61
1　里親制度／2　小規模住居型児童養育事業（ファミリーホーム）／3　里親等委託率の状況
第3節　施設養護と家庭的養護 ……………………………… 64
1　施設の小規模化と家庭的養護の推進／2　施設養護／3　家庭的養護

第8章　社会的養護の専門職 ……………………………………… 69
第1節　専門職による支援 …………………………………… 69
1　専門性／2　専門職の支援
第2節　社会的養護の専門職 ………………………………… 70
1　直接処遇職員／2　間接処遇職員
第3節　専門職の課題 ………………………………………… 74
1　専門性の向上／2　家庭的養護の推進に向けて

第9章　施設養護の基本原理 ……………………………………… 77
第1節　施設における人権の擁護 …………………………… 77

　　　　1　施設における寮舎の人員の小規模化／2　施設養護における人権の尊重／3　施設養護における個別化の原理
　　第2節　施設養護におけるグループ・ダイナミクス（集団力学）の活用と社会参加 …………………………………………………… 79
　　　　1　施設におけるグループ・ダイナミクス（集団力学）の活用／2　地域社会との連携による社会参加
　　第3節　施設養護における親子関係の調整 ……………………… 81
　　　　1　施設を利用する親子の心のケア／2　親子関係調整のための専門家の支援

第10章　施設養護の実際 …………………………………………… 83
　　第1節　家庭に代わって子どもたちを育む施設養護 ……………… 83
　　　　1　施設養護の概要／2　社会的養護の施設／3　施設養護の現状
　　第2節　児童養護施設における保育実践 ………………………… 87
　　　　1　小規模化と家庭的養護の推進／2　子どもたちの養育・支援／3　家庭への支援／4　自立支援計画と記録

第11章　施設養護とソーシャルワーク ………………………… 95
　　第1節　施設養護とソーシャルワークの関連性 ………………… 95
　　　　1　施設養護におけるソーシャルワークの視点・役割／2　施設養護に必要とされる援助技術
　　第2節　施設養護の実際 …………………………………………… 100
　　　　1　ケースワーク実践／2　グループワーク実践

第12章　施設等の運営管理 ……………………………………… 105
　　第1節　施設等の運営 ……………………………………………… 105
　　　　1　施設等の運営とは／2　施設の運営／3　措置制度と措置費／4

第三者評価／5　苦情解決
　第2節　施設等の管理 …………………………………………… 107
　　　1　職員の労働管理／2　子どもの安全管理／3　子どもの情報管理
　第3節　施設運営にかかわる法令等 …………………………… 108
　　　1　「児童福祉施設の設備及び運営に関する基準」／2　「社会的養護施設運営指針及び里親及びファミリーホーム養育指針」

第13章　専門職の倫理の確立 ……………………………………… 111
　第1節　専門職の倫理 …………………………………………… 111
　　　1　児童福祉施設における職員の一般的要件／2　専門職の価値と倫理
　第2節　倫理綱領 ………………………………………………… 112
　　　1　全国保育士会倫理綱領／2　全国児童養護施設協議会倫理綱領
　第3節　専門職の倫理の課題 …………………………………… 115
　　　1　倫理綱領の遵守／2　倫理的ジレンマ

第14章　被措置児童等の虐待の防止 ……………………………… 117
　第1節　被措置児童等虐待防止対策の制度化 ………………… 117
　第2節　被措置児童等虐待 ……………………………………… 118
　第3節　被措置児童等虐待への対応 …………………………… 119
　　　1　被措置児童等虐待防止ガイドライン／2　被措置児童等虐待届出等制度の実施状況
　第4節　被措置児童等虐待の防止に向けた取り組み等 ……… 122
　　　1　施設等における組織運営体制の整備／2　職員の研修，資質の向上／3　子どもが意見を表明できる仕組み

第15章　社会的養護と地域福祉 …………………………… 125
第1節　地域福祉の概念と社会的養護 ……………………… 125
1　地域福祉とは／2　地域福祉と社会的養護
第2節　地域における社会的養護の実践 …………………… 126
1　子どもを守る地域ネットワーク（要保護児童対策地域協議会）／2　地域の子育て家庭支援施策／3　児童健全育成施策（子どもが健やかに育つための施策）
第3節　地域福祉における社会的養護の課題 ……………… 127
1　地域と入所児童／2　施設と地域の関係／3　地域と退所児童／4　地域と連携した児童の権利擁護／5　社会資源と児童のつながり

第1章　社会的養護の定義と理念

第1節　社会的養護の定義

1　児童福祉法制定時の「社会的養護」の定義

　児童福祉の分野では，第二次世界大戦後の児童福祉法作業のなかで，「孤児院」と変わる名称として「養護施設」という用語があてられた．

　1947（昭和 22）年の『児童福祉法案逐条説明』の資料によれば，「「養護施設」の「養護」は「養育保護」の意味であり，学校教育は，はいらない」とされている．この説明から，「養護」は単純な「養育保護」の略語というよりも，「何らかの理由によって家族とともに暮らすことができず，そのために教育を受けられる状態にない」子どもたちに対して，「教育」の前提となる「心身の土台づくり」を行うという，戦前から続く「養護」の本質を反映するものとして使用されたことが理解できる．

　児童福祉法が成立した当時，街にはたくさんの震災孤児があふれていた．児童福祉法第 1 条において「すべて児童は，ひとしくその生活を保障され，愛護されなければならない．」と述べられており，また第 2 条において児童の健全育成に関する国および地方公共団体の責任が明記された．このように国および地方公共団体の責任として，何らかの理由によって家族とともに生活することができない子どもたちに家庭の代替となる生活の場を提供することが，「社会的養護」の「社会的」の意味である．

2 現在の「社会的養護」の定義

　戦後の高度経済成長に伴って，社会情勢や家族形態の変容，社会的ニーズが変化することによって，実態として，家庭で生活ができない何らかの理由がある要保護児童，障がいや非行問題等のある子どもやその保護者から様々な問題が挙がってきた．また，1989（平成元）年に国連で採択された「児童の権利に関する条約」を，日本は 1994（平成 6）年に批准したことにより，1997（平成 9）年，児童福祉法が大改正された．その趣旨として，「子どもと家庭を取り巻く状況の変化を踏まえ，子育てしやすい環境の整備を図るとともに，次代を担う児童家庭福祉施策の再構築を行うものです．」とし，国の施策の中心概念を児童福祉から児童家庭福祉へ転換したことを表明した．

　2003（平成 15）年，社会保障審議会児童部会は『社会的養護のあり方に関する専門委員会報告書』のなかで，「家族や地域が有していた養育力が低下している現状にあっては，家族の再統合や家族や地域の養育機能の再生・強化といった親も含めた家族や地域に対する支援も，社会的養護本来の役割として取り組むことが必要である」とし，社会的養護の役割を，地域における家庭機能支援にまで拡大する見解を示した．

　2011（平成 23）年 7 月，児童養護施設等の社会的養護の課題に関する検討委員会・社会保障審議会児童部社会的養護専門委員会は『社会的養護の課題と将来像』のなかで，それまでに改革されてきた社会的養護施策および子育て施策を整理し，これからの社会的養護の基本的な考え方や具体的施策を示した．

　この報告書で，「社会的養護は，保護者のない児童や，保護者に監護させることが適当でない児童を，公的責任で社会的に養育し，保護するとともに，養育に大きな困難を抱える家庭への支援を行う」と定義した．さらに，「すべての子どもと家庭のための子育て支援施策を充実させていく中で，社会的養護の対象となる子どもにこそ，特に支援の充実が必要である．また，社会的養護と一般の子育て支援施策は，一連の連続性を持つものであり，密接な

連携が必要である」としている．

　これより，国の施策としての社会的養護は，それまでの要保護児童に対する施設養護に限定するものではなく，家庭的養護及び地域での家族支援までその役割を拡大したことを示した．

第2節　社会的養護の機能と基本的方向性

1　社会的養護の機能

　2011（平成23）年7月，児童養護施設等の社会的養護の課題に関する検討委員会・社会保障審議会児童部社会的養護専門委員会は『社会的養護の課題と将来像』のなかで，社会的養護には3つの機能があると示している．

　1つ目は，家庭での適切な養育を受けられない子どもを養育する機能であり，社会的養護を必要とするすべての子どもに保障されるべきという「養育機能」である．2つ目は，虐待等の様々な背景の下で，適切な養育が受けられなかったこと等により生じる発達のゆがみや心の傷（心の成長の阻害と心理的不調等）を癒し，回復させ，適切な発達を図る「心理的ケア等の機能」である．3つ目は，親子関係の再構築等の家庭環境の調整，地域における子どもの養育と保護者への支援，自立支援，施設退所後の相談支援（アフターケア）などの「地域支援等の機能」である．

　これらは，すべての子どもと家庭のための子育て支援施策を充実させていく中で，社会的養護の対象となる子どもにこそ，特に支援の充実が必要であるということである．また，社会的養護と一般の子育て支援施策は，一連の連続性を持つものであり，密接な連携が必要であると示した．

2　社会的養護の基本的方向

（1）　家庭的養護の推進

　わが国のこれまでの社会的養護において親子分離が必要な場合，その対応

の中心は施設養護であった．この現状に対し，社会的養護の前提を「できる限り家庭的な養育環境のなかで，特定の大人との継続的で安定した愛着関係の下で行われる必要がある」としたうえで，それを可能とする養護形態として，家庭的養護（里親，ファミリーホーム）を優先させる方針を打ち出している．なお施設養護についても，戦後から現在に至るまで約8割近くの施設が大舎形態をとっていることに対して，小規模グループケア，グループホームといった家庭的養護を推進することで施設規模，ケア単位の小規模化の方向性を明確にした．

(2) 専門的ケアの充実

専門的ケアの充実として，1つ目は虐待等により愛着形成の課題や心の傷を抱えている子どもに対して，専門的知識と技術を有する者による心理的・治療的ケアである．2つ目は，早期の家庭復帰のために親子関係の再構築など家庭環境の調整である．3つ目はDV（ドメスティック・バイオレンス）被害を受けた母子や，地域での自立した生活が困難な母子家庭に対する，母子生活支援施設による専門的な支援である．これらのために，社会的養護の体制の整備と支援技術の向上を図っていく必要がある．

(3) 自立支援の充実

すべての子どもが社会への公平なスタートが切れるように，自立した社会人として，生活できるようにすることが重要である．このため，自己肯定感を育み自分らしく生きる力，他者を尊重し共生していく力，生活スキル，社会的スキルの獲得など，「ひとりの人間として生きていく基本的な力」を育む養育を行う必要がある．また，施設退所後のアフターケアの充実についても強調しているが，アフターケアに大切なのは，退所後に子どもが助けを求められる関係，自分を受け入れてくれる居場所と思っているかということにかかっている．こうした関係を退所前からつくっておくことが重要である．

(4) 家族支援，地域支援の充実

虐待事例のうち親子分離に至らないものについて，虐待防止のための親支援，親子関係への支援，家族支援の充実が必要である．また，施設等での養育の後，早期の家庭復帰を実現するための親子関係の再構築等の家庭環境の調整や，家庭復帰後の虐待発生防止のための親支援の充実も必要である．さらに，施設が地域の里親等を支える地域支援やショートステイなどによる地域の子育て支援の機能も重要である．施設のソーシャルワーク機能を高め，施設を地域の社会的養護の拠点とし，これからの家族支援，地域支援の充実を図っていくことが必要である．

第3節　社会的養護の理念と基本原理

1　社会的養護の理念

(1)　子どもの最善の利益のために

児童福祉法第1条で「すべて児童は，ひとしくその生活を保障され，愛護されなければならない．」と規定され，児童憲章では「児童は，人として尊ばれる．児童は，社会の一員として重んぜられる．児童は，良い環境の中で育てられる．」と謳われている．児童の権利に関する条約第3条では，「児童に関するすべての措置をとるにあたっては，児童の最善の利益が主として考慮されるものとする．」と規定されている．

これらより，社会的養護は，子どもの権利擁護を図るための仕組みであり，「子どもの最善の利益のために」をその基本理念とする．

(2)　社会全体で子どもを育む

社会的養護の基本理念の2つ目に，「すべての子どもを社会全体で育む」というのがある．これは，保護者の適切な養育を受けられない子どもを，公的責任で社会的に保護・養育するとともに，養育に困難を抱える家庭への

支援を行うものである．具体的には，子どもの健全育成は，児童福祉法第1条および第2条に定められているとおり，すべての国民の努めであるとともに，国および地方公共団体の責任であり，一人ひとりの国民と社会の理解と支援により行うものである．

また，児童の権利に関する条約第20条では，「家庭環境を奪われた児童又は児童自身の最善の利益にかんがみその家庭環境にとどまることが認められない児童は，国が与える特別の保護及び援助を受ける権利を有する．」と規定されており，児童は権利の主体として，社会的養護を受ける権利を有していることが明記されている．

2　社会的養護の共通原理

ここでは，社会的養護に関わる児童養護施設や里親制度における，支援・養育の共通原理について述べる．次の6つの原理に基づいて，養育・支援を行っていくことが，子どもの健全育成を図るにあたって大切になってくる．

(1)　家庭的養護と個別化

すべての子どもは，適切な養育環境で，安心して自分をゆだねられる養育者によって，一人ひとりの個別的な状況を把握した上で，ニーズが十分に考慮されながら，養育されるべきである．

一人ひとりの子どもが「愛され大切にされている」と感じることができ，子どもの育ちが守られ，将来に希望が持てる生活の保障が必要である．また，社会的養護を必要とする子どもたちに「あたりまえの生活」を保障していくことが必要である．

そのためには，子どもの生活の場をできる限りユニットケアや小舎制などの施設の集団人数を少数にし，できるだけ地域とつながりのある家庭あるいは家庭的な環境で養育する「家庭的養護」と，個々の子どもの育みを丁寧にきめ細かく進めていく「個別化」が必要である．

(2) 発達の保障と自立支援

　子ども期のすべては，その年齢・成長に応じた発達の課題を持ち，その後の成人期の人生に向けた準備の期間でもある．社会的養護は，未来の人生を作り出す基礎となるよう，子ども期の健全な心身の発達の保障を目指して行われる．特に，人生の基礎となる乳幼児期では，愛着関係や基本的な信頼関係の形成が重要である．子どもは，愛着関係や基本的な信頼関係を基盤にして，自分や他者の存在を受け入れていくことができるようになる．自立に向けた生きる力の獲得も，健やかな身体的，精神的および社会的発達も，こうした基盤があって可能となる．

　養育者は，子どもの自立や自己実現を目指して，子どもの主体的な活動を大切にするとともに，様々な生活体験などを通して，自立した社会生活に必要な基礎的な力を形成していくことが必要である．

(3) 回復を目指した支援

　社会的養護を必要とする子どもに対しては，個々の子どもに応じた成長や発達を支える支援だけでなく，虐待体験や分離体験などのネガティブな経験からの癒しや回復を目指した専門的ケアや心理的ケアなどの治療的な支援も必要となる．

　また，近年増加している被虐待児童や不適切な養育環境で過ごしてきた子どもたちは，虐待体験だけでなく，家族や親族，友達，近所の住人，保育士や教師など地域で慣れ親しんだ人々との分離なども経験しており，心の傷や深刻な生きづらさを抱えている．さらに，情緒や行動，自己認知・対人認知などでも深刻なダメージを受けていることも少なくない．

　養育者は，社会的養護は必要な子どもたちが，安全・安心が感じられる環境で，一人の人間として大切にされる体験を積み重ね，信頼関係や自己肯定感（自尊心）を取り戻していけるようにしていくことが必要である．

（4） 家族との連携・協働

子どもにとっては，親や家族と暮らすことは「あたりまえの生活」である．しかし，保護者の不在，養育困難，さらに不適切な養育や虐待など，「安心して自分をゆだねられる保護者」がいない子どもたちがいる．また，子どもを適切に養育することができず，悩みを抱えている親や配偶者等による暴力（DV）などによって「適切な養育環境」を保てず，困難な状況に置かれている親子などがいる．

社会的養護は，子どもや親の問題情況の解決や緩和を目指すために，その人たちの置かれている状況を的確に把握する．そして，適切な対応するため，親とともに，親を支えながら，あるいは親に代わって，子どもの発達や養育を保障していく包括的な取り組みである．

（5） 継続的支援と連携アプローチ

社会的養護は，施設入所前のアドミッションケアから退所後のアフターケアまでの継続した支援と，できる限り特定の養育者による一貫性のある養育が望まれている．

社会的養護における養育は，「人とのかかわりをもとにした営み」であり，子どもが歩んできた過去と現在，そして将来をより良くつないでいかなければならない．一人ひとりの子どもに提供される社会的養護の過程は，「つながりのある道すじ」として子ども自身にも明確で，わかりやすいものであることが必要である．そこで，児童相談所等の行政機関，各種の施設，里親等の様々な社会的養護の担い手がそれぞれの専門性を発揮しながら，巧みに連携し合って，一人ひとりの子どもの社会的養護の連携アプローチが求められる．

また，社会的養護の担い手は，同時に複数で連携して支援に取り組んだり，支援を引き継いだり，あるいは元の支援主体が後々までかかわりを持つなど，それぞれの機能を有効に補い合い，重層的な連携を強化することによって，支援の一貫性・継続性・連続性というトータルなプロセスを確保していくこ

とが求められる.

(6) ライフサイクルを見通した支援

　養育者は，子どもたちが社会に出てからの暮らしを見通した支援を行うとともに，入所や委託を終えた後も長くかかわりを持ち続け，帰属意識を持つことができる存在になっていくことが重要である.

　社会的養護には，育てられる側であった子どもが親となり，今後は子どもを育てる側になっていくという世代を繋いで繰り返されていく子育てのサイクルへの支援が求められている．特に，虐待や貧困の世代間連鎖を断ち切っていけるような支援が求められている.

　　参考文献
　　井村圭壯・相澤譲治編著『保育と社会的養護』学文社，2014年
　　大竹智・山田利子編『保育と社会的養護原理』みらい，2013年
　　小木曽宏・宮本秀樹・鈴木崇之編『よくわかる社会的養護内容』ミネルヴァ書房，2012年
　　立花直樹・波田埜英治編『新・はじめて学ぶ社会福祉② 児童家庭福祉』ミネルヴァ書房，2015年
　　千葉茂明編『保育者養成シリーズ　社会的養護』一藝社，2014年
　　山縣文治・林浩康編『よくわかる社会的養護』ミネルヴァ書房，2012年

第2章　社会的養護の歴史

第1節　西洋における歴史

1　イギリスにおける社会的養護の歴史

(1)　地域による救済と救貧法

　中世ヨーロッパの封建社会では，村単位での共同体やギルドが形成され，その中で生活に困難を抱えている家庭に対しては相互に助け合う機能を持っていた．この相互扶助から外れた者は，キリスト教会による慈善事業によって救済されていた．

　近世におけるイギリスは，地主による農地の囲い込み運動や宗教改革にともなう教会領の没収と教会の解体などにより，大量の貧民，浮浪者を生み出すことになった．特に都市部においてはスラムが発生し，犯罪率が増加していった．個人事業家による慈善活動では限界があり，国家による対応を求められ制定されたのが「エリザベス救貧法（1601年）」である．この法律による救済対象の貧民は，①労働可能な者，②労働不可能な者（病人，老衰者，障がい者など），③養育者のいない児童に分類され，③の児童のうち，乳幼児は収容保護され，4，5歳になると，徒弟[1]として強制的に働かされた．日本と比較して，欧米では早くから家庭の貧困や捨て子に対応するため，国家としての支援に取り組み始めていたといえる．

　18世紀から19世紀初頭にかけての産業革命は，児童の労働を一般化させていき，労働者階級家庭の児童は家計を助けるために過酷な労働を強いられていた．1834年には「新救貧法」が制定されたが，この法律により，特に

産業革命以降，貧困は個人の怠惰や不道徳の結果とみなされるようになり，劣等処遇の原則[2]が徹底された．劣等処遇を受けたくない労働者階級は，国の制度に頼らず，生活を支えるために子どもに過酷な労働を強いるようになっていった．親のいない児童は労役場[3]に大人と同じように収容され，乳幼児の死亡率は非常に高く，徒弟に出されても虐待や酷使を受けた．飢えから盗みを働いた児童は7歳を超えると，裁判にかけられ，大人の犯罪者と区別されることなく刑務所に収容された．

(2) 慈善活動と児童法

19世紀のイギリスにおける社会的養護実践の代表的なものとして，1869年に設立された慈善組織協会（Charity Organization Society，以下COS）が挙げられる．COSは，貧困に対する支援は，貧民を教化し勤勉にさせることと考え，「救済に値する貧民」と「救済に値しない貧民」を区別し，要保護児童は潜在的な前者として捉え，慈善活動の中心的な対象と位置づけられていった．

19世紀後半になると，労役場から独立した救貧法学園に子どもを分離することが一般化されていくが，当時の施設形態は大舎制施設が一般的であり，一か所に2,000名以上の子どもを収容する施設もあり，その処遇内容が問題視された．19世紀末以降はこのような行政による大舎制施設に代わり，民間の児童救済運動家たちによって，児童ホームと呼ばれる地域分散型の小規模施設が設立されていった．その代表的なものとして挙げられるのが，1876年に設立されたバーナードホーム[4]である．バーナードホームでは，1ホームに10人前後の子どもたちが，2～3名の職員とともに生活を営む小舎制養護を実践し，農家に生活費を払い，子どもが10歳になるまで里親になってもらう里親委託の仕組みなども試験的に取り組んだ．これらの実践は児童入所施設の世界的規範となり，日本の岡山孤児院などの働きにも大きな影響を与えた．また，この時期の要保護児童の救済方法として，カナダやオーストラリアへの移民が積極的に薦められた．

イギリス最初の「児童法」は1908年に制定され，イギリスの児童憲章ともいわれるこの制度の内容には，里子の保護，虐待防止，法を犯した少年には再教育中心の少年刑務所や拘置所の規定が盛り込まれた．また，1942年に国による支援拡充の必要性を示したベヴァリッジ報告をもとに，「ゆりかごから墓場まで」を目標とした社会保障制度や雇用施策が確立し，その中には児童手当も含まれるようになった．

　第二次世界大戦後，英国内の児童福祉，特に社会的養護を必要とする子どもへの最善のサービスを検討するため，カーティス（M. Curtis）を委員長とする「児童の保護に関する委員会（通称，カーティス委員会）」が招集され，調査が行われた．この調査結果として1946年に提出された報告書では，これまでの貧困を理由とした子どもを親と分離保護してしまう施設収容制度が否定され，施設の小規模化や里親委託優先の方向性が提言された．これにより，1948年に新たに「児童法」が制定されたが，期待されていたほど里親の開拓と委託が進まず，施設養護に偏った児童保護システムとなり，リスク家庭への予防的支援の方策も採られていないのが現状であった．こうした状況を踏まえ，制定された「児童少年法」（1963年）によって，家庭への予防的ケアや救済の権限を，国から地方自治体へ移譲していった．1975年には，里子が実親のもとに家庭復帰した結果，少女が継父の虐待によって死亡するというマリア・コルウェル事件が契機となり，「児童法」の改正が行われた．これにより，里親制度を社会的養護の中心に位置づけたことで，イギリスでは児童ホームが減少していった．

2　アメリカにおける社会的養護の歴史

（1）　家庭養育の重要性

　アメリカでは，17世紀にヨーロッパ各国からの植民地化が活発となり，イギリス以上に，貧しい者は怠け者とされた．労働力の不足から，子どもは徒弟や農家へ委託され，大人同様に過酷な労働を求められた．19世紀末ごろから児童労働の規制が課題として認識され始めたが，養育者のいない子ど

もたちは児童ホームによって隔離・管理されるようになり，多くのホームでは子どもたちが集団的な生活を強いられていた．

そのような中，1909年に当時の大統領である，セオドア・ルーズベルトによって，第1回児童福祉白亜館会議（ホワイトハウス会議)[5]が開かれ，「家庭は文明の最高の創造物である．故に緊急やむを得ない事情のない限り児童を家庭から切り離してはならない」という声明が出され，この家庭の存在を重要視した考え方が，現代までのアメリカにおける児童福祉の根本的な考え方の基本となっている．1912年には連邦政府に児童局が設置され，社会的養護システムが，慈善・博愛事業といった私的活動から公的救済制度へと変化していった．

(2) 脱施設化

第二次世界大戦後のアメリカでは，経済的発展や女性の社会進出，黒人の公民権運動のなかで，家庭崩壊や貧困の再発見，麻薬の流通，虐待の増加などにより家庭問題が深刻化していった．ボールビィ（J. Bowlby）は施設入所している子どもは，栄養状態や衛生状況とは関係なく，母性的養育の喪失（maternal deprivation）によって，他者への基本的信頼感を獲得できずに強い孤独感と無力感を感じるようになると報告し，ロレッタ・ベンダー（L. Bender）は「家庭生活に優るものはない」という論文の中で，「生後3年までに母性の愛情を経験しなかった児童は，その後に愛撫を与えても，これを受ける能力が無い」と発表した．このような影響を受け，アメリカでは1960年から1970年代に脱施設化運動[6]が起こり，里親委託される児童が急増していった．

3　近年の欧米諸国における社会的養護の捉え方

(1) 児童の権利宣言と新しい児童観

1945年に創立された国連の中で国連人権委員会が設立され，1959年に採択された「児童の権利宣言」の前文では，「人類は児童に対し，最善のもの

を与える義務を負う」と宣言し，差別禁止や教育への権利など，具体的な子どもの権利10カ条が示された．

　1960年代から1970年代にかけては，欧米では家庭の養育機能が重視され，同時にリスク家庭における子どもが自宅外に保護されることが増加していった．こうした背景には非行や虐待問題の深刻化と児童福祉サービスに対する国の責任が大きくなっていったことが挙げられる．また，児童の問題を親の問題の結果としてみなす伝統的傾向から，親の権利よりも「子どもの最善の利益」が優先されるべきという考えが欧米諸国で次第に広がっていき，親の子育ての権利がしばしば制限されるようになっていった．しかし，児童福祉機関や親にとって，親子分離による児童保護は簡単な問題解決の手段になりがちであり，親子分離の長期化は家族再統合への期待や実現する可能性を薄めるという批判を受けた．

(2)　里親ケアと養子縁組

　近年，アメリカをはじめとした欧米先進諸国における社会的養護のあり方としては，施設の小規模化，グループホーム化，また，里親，養子縁組への移行がなされている．伝統的な児童養護施設は減少を続けている一方で，里親に適応できない情緒障がい児のための治療施設や，非行・犯罪少年のための入所施設は増加している．グループケア施設は以前よりも短い期間で集中的なプログラムが実施されるようになり，その後は里親プログラムへ移行される．社会的養護を必要とする子どもたちは，オーストラリアでは90％以上，欧米諸国でもその多くで里親ケアが主流となっている．

　一方，里親やグループホームへの長期委託は，子どもと主たる養育者との一貫的，継続的関係が欠如するという考えから，この関係を保障するパーマネンシー（恒久性）の観点が重要視されるようになった．これにより，里親やグループホームは短期委託に限定され，家庭復帰の可能性が低い子どもに関しては，養子縁組を模索するようになってきている．

　養子縁組は各国内だけでなく，第二次世界大戦以降，国境を越えて活発に

行われるようになり，政治的・経済的状況から養子縁組（国際養子）に至った子どもたちは数十万人規模であるといわれている（たとえば韓国，中国，ロシア，中南米，アフリカから欧米へ，東欧から西欧へ，イギリスからオーストラリアへ）．しかしながら，国際養子縁組が始められてから数十年たった現在，養子の人種，文化的アイデンティティやルーツ探しが世界的課題になっている．

第2節　日本における歴史

1　明治以前の児童救済

　明治以前までの社会は，農業を中心とした村落共同体であったため，親戚や村単位で互助関係を築いて生活していた．わが国における児童保護の源流は，593（推古元）年に聖徳太子が建てた四天王寺四箇院の1つ，悲田院に困窮した子どもから高齢者を収容保護したことにはじまるといわれている．鎌倉時代は，僧侶による慈善活動が，室町時代以降は，キリスト教が伝来し，人身売買や堕胎，間引きなどが行われていた現状を知った宣教師らによって欧州式の乳児院のような保護施設が創設された．しかし，これらの活動は国や地方自治体による公的なサービスや制度ではなく，宗教思想による慈悲の心や，救貧的な意味合いが強い慈善事業であったといえる．

2　明治期の先駆者たち

　明治政府は富国強兵，殖産興業を国策としたため，将来戦地へ赴く兵士の育成，労働力としての意味合いが強かったが，子どもの保護を目的として1874（明治7）年に「恤救規則」[7]を制定した．しかし，国の提供する児童施策は不十分であったため，貧困を原因とした孤児や棄児が増加し，子どもが労働力として酷使されるなどの問題も発生していった．また，この時期は，様々な災害やききん[8]が起こり，子どもを育てられない家庭が全国で大量

に出現し,親に見放され,路頭に迷う子どもたちが急増した.このような社会状況の中で活躍したのが民間の慈善事業家や宗教家たちである.当時の社会的養護ニーズは孤児,棄児の施設収容が主であったため,現在と比べて施設種別が大まかではあるがそれぞれの先駆者について説明する.

(1) 孤児のための施設

現在の児童養護施設にあたる施設としては,1872（明治 5）年にフランス人修道女ラクロットが設立した横浜仁慈堂や,1874（明治 7）年に岩永マキが設立した浦賀養育院,1887（明治 20）年に石井十次が設立した岡山孤児院などが挙げられる.岡山孤児院では,震災などにより親を失った子どもたちを受け入れ続け,一時 1,200 名に達する子どもの入所を受け入れていた.また,石井はイギリスのバーナードホームの実践を取り入れ,岡山孤児院十二則[9]を定めた.この実践は今日の施設運営や養護原理においても重要な示唆を与えている.

(2) 感化事業

現在の児童自立支援施設にあたる非行少年のための感化事業としては,1899（明治 32）年に留岡幸助[10]が設立した東京家庭学校（現在は児童養護施設）が有名である.また留岡は,自然の中における生活が非行少年たちへの感化教育に不可欠として,北海道家庭学校を設立し,そこでは夫婦小舎制を取り入れ,家族主義のもと,生活,教育,職業訓練などを実践した.これが今日の児童自立支援施設のひな形となっている.

感化事業に関する制度としては,激増する非行・不良少年に対応するため,1900（明治 33）年に「感化法」が制定され,満 8 歳から 16 歳未満で,適当な親権者・後見人のいない非行少年を感化院に入所させ,教護することとした.

(3) 障がいのある子どものための施設

わが国における最初の障がい児のための施設が，1891（明治24）年，石井亮一によって設立された滝野川学園（現，滝乃川学園）[11]である．後に妻となる石井筆子は，明治維新後日本初の海外女子留学生となり，前夫との間に子を3人授かるが，夫と2人の子どもが病死してしまう．その後，知的障がいのある最後の子どもを滝野川学園に預けたことをきっかけに亮一と再婚し，亮一の死後，2代目園長となって障がい児（者）の環境改善に取り組んだ．

(4) 保育施設

保育事業では，1877（明治10）年に医療宣教師であったヘボンが横浜港に保育施設を開設し，1890（明治23）年に赤沢鐘美が新潟市に貧困家庭の子どもを預かる託児所として私立静修学校を開設する．本格的な保育施設としては，野口幽香らによって1990（明治33）年に東京四谷のスラム街に設けられた貧困家庭の子どもを対象とした二葉幼稚園が挙げられる．

3 大正から昭和初期にかけて

この時期は，第1次世界大戦と戦後恐慌，1923（大正12）年には関東大震災が発生し，国民の生活は困窮状態に陥った．家庭の中にいる子どもにおいては，衛生や栄養の悪さから乳幼児の死亡率は高まり，貧困児，不就学労働など，様々な児童問題が表面化した．

これらの問題に対して，政府は様々な対策を立てていくこととなる．1929（昭和4）年には「救護法」が制定（財政難のため，施行は1932（昭和7）年から）され，13歳以下の困窮児童や，乳児がいる困窮母子家庭などが保護の対象とされた．原則は在宅保護であったものの，やむを得ない場合，施設保護も行われるようになり，初めて孤児院が国の制度の中に組み込まれた．また，1933（昭和8）年には，「感化法」が廃止され，「少年教護法」が制定された．これにより，感化院が少年教護院と名称が変更され，不良行為をしたもしくはするおそれのある14歳未満の子どもを少年教護院に入院させるこ

ととなった．同年には，「(旧)児童虐待防止法」が制定され，14歳未満の子どもに，危険な仕事をさせる行為や，乞食をさせる行為などが禁止された．また，昭和恐慌によって貧困家庭の母子心中が多発したため，1937（昭和12）年には「母子保護法」が制定され，13歳未満の子どもをもつ貧困母子世帯への生活扶助が規定された．

　新たな施設としては，1923（大正12）年，岡野豊四郎によって障がい児への教育に重点をおいた「筑波学園」が設立され，1916（大正5）年に高木憲次による肢体不自由児巡回相談が開始された．虚弱児施設としては，1917（大正6）年に白十字茅ケ崎林間学校，1926（大正15）年に一の宮学園が設立されている．

4　戦後の浮浪児対策と養護実践

(1)　浮浪児の一斉収容

1945（昭和20）年の第二次世界大戦終戦以降，敗戦国となったわが国では，都市部は焼け野原となり，戦災孤児や引き揚げ孤児，混血児など，親が育てられない浮浪児などが溢れていた．中には犯罪に手を染める子どもも増加していったため，大きな社会問題となった．

　GHQ（連合国最高司令部）の指導を受けながら復興していったわが国では，1946（昭和21）年，厚生省（現，厚生労働省）に児童局が設置された．その前年度に政府は「戦災孤児等保護対策要綱」を策定し，里親委託や養子縁組の斡旋に取り組むが，都市部の浮浪児が一向に減少しなかった．そこで，1946（昭和21）年9月に「主要地方浮浪児等保護要綱」を策定し，全国7か所（東京，横浜，京都，大阪，神戸，名古屋，福岡）に児童鑑別所（現在の児童相談所）を設置した．そこでは，児童鑑別所の職員や警察が中心となり，浮浪児たちを捕まえてはバスに乗せ，地方の収容施設へと送る「狩り込み」が行われたが，1947（昭和22）年に実施された「全国孤児一斉調査」では，18歳未満の孤児は123,511人とされ，浮浪児は一向に減る様子がなかった．政府は1948（昭和23）年「浮浪児根絶緊急対策要綱実施要綱」を実施し，大

規模な「狩り込み」によって，浮浪児問題は収束に向かった．この時期は，収容先として利用された養護施設（現．児童養護施設）が急増していく時期であり，終戦直後の86か所から，1950（昭和25）年には394か所へ急増している．そのうちの1つが，迫害を受けた混血児の救済施設として1948（昭和23）年に澤田美喜によって設立されたエリザベス・サンダース・ホームである．

制度面では，1947（昭和22）年に「児童福祉法」が制定され，表2-1のように孤児院，少年教護院は養護施設，教護院へと名称が変更され，新たに7つの施設が児童福祉施設として位置づけられた．児童鑑別所は児童相談所となり各都道府県に設置され，子どもの養護問題に応じて，適した施設への入所・通所ができるようになった．

(2) ホスピタリズム問題と養護理論

浮浪児対策が落ち着いた1950（昭和25）年ごろより，ボールビィやベンダーの論文がわが国にも紹介され，長時間施設で生活する子どもたちに，身体的，情緒的に様々な症状を引き起こすホスピタリズム（施設病）による施設外生活への不適応や対人関係障害が指摘された．アメリカでは児童保護施設の衰退につながったが，わが国では，施設におけるケアのあり方（養護理論）について，施設長を含む社会的養護関係者の間で大論争となり，①可能な限り一般家庭と同様な家庭生活の要素を導入することで，子どもの成長発達に効果的な養護ができるという「家庭的養護理論」（堀文次），②施設の機能を生活指導と生活治療の2つに分類し，人格形成と健全育成を目的とする「積極的養護理論」（石井哲夫），③個人と集団の力動的な相互関係（グループ・ダイナミクス）を活用することで，子どもの健全な人格形成を図ることができるとする「集団主義的養護理論」（積惟勝）などが論じられた．

5 高度経済成長以降の新たな養護問題

戦後間もなく施設に収容されていた子どもたちは退所していき[12]，社会

第2節　日本における歴史

表2-1　児童福祉法の改正と児童福祉施設名称変更の流れ

分類	戦前	1947年	1949年	1950年	1961年	1967年	1969年	1980年	1997年	1998年	2010年	2015年
養護系	孤児院（救護法、1929年）	養護施設							児童養護施設			
		乳児院										
	感化法（感化法、1900年）少年教護院（少年教護法、1933年）	母子寮							母子生活支援施設			
		教護院							児童自立支援施設			
									児童家庭支援センター			
									児童自立生活援助事業（自立援助ホーム）			
障害系		療育施設	盲ろうあ児施設	廃止							一元化により、児童発達支援センター（福祉型・医療型）障害児入所施設（福祉型・医療型）	
				虚弱児施設					児童養護施設（統合）			
				肢体不自由児施設								
						重症心身障害児施設						
						肢体不自由児療護施設						
							自閉症児施設				
	精神薄弱児施設								知的障害児施設			
健全育成		保育所										幼保連携型認定こども園
		児童厚生施設										
		助産施設										

筆者作成。太字は現在の施設名

問題としての重要度が低くなった社会的養護は収容施設の縮小が模索される．1973（昭和48）年の石油危機までの高度経済成長期は，国民の生活水準を向上させた．これまで社会的養護施設に入所する子どもの養護問題は，親の死亡や経済的貧困，つまり育てられる親がいない場合がほとんどで，単純養護（衣食住の提供）が主なニーズであったため，行政からは「養護施設の待機児童はもういない」と報告されていた．しかし，実際に一般家庭では，出稼ぎや核家族化による家庭の孤立，親の離婚や行方不明など，一般家庭の養護機能が急速に低下し，親がいるのに一緒に暮らすことができず，子ども自身にも発達の遅れや学力の低さ，情緒的問題，非行など，新たな養護問題がみられるようになった．

この時期は，社会的養護への注目が減っていく一方で，1961（昭和36）年に小林提樹が中心となって設立した重症心身障害児施設である島田療育園（現，島田療育センター）の設立に対する取り組みなどにより，児童福祉法の改正が行われ，特に障がい児福祉に対する制度が充実していった（表2-1参照）．

6 児童虐待防止法の制定と近年の動向

1998（平成10）年に，「児童福祉法」が50年ぶりに大改正され，「保護から自立」「児童福祉から児童家庭福祉」がキーワードとされた．保育所の措置制度は廃止され，各児童福祉施設の名称変更とともに対象児童の範囲や，施設の役割が見直された．

1995（平成7）年，わが国が児童の「権利に関する条約」に批准したことや，2000（平成12）年に「児童虐待の防止等に関する法律（児童虐待防止法）」が制定されてから，児童相談所の虐待相談件数が急増していった．

近年は虐待，親の就労，親の精神疾患などが主な養護問題となっており，家庭が抱える養護問題の内容はさらに複雑，複合的になってきている．また，複雑な家庭問題を抱えた子どもたちへの養護の実践として，ケア技術の専門性の高さや，他機関との連携が求められるようになっている．

注
1) 住み込みの見習い職人．イギリス，デンマーク，ドイツなど，当時の西洋諸国では親のいない子どもは農家や職人の家に里子として出されることも多く，主に働き手として扱われた．
2) 公的サービス利用者の生活水準は，自活勤労者の最下層の平均的生活水準以下でなければならないとする考え方．
3) 労働能力のある貧民が救済を求める際，強制収容され，過酷な労役を強いられた施設．
4) バーナード（T. J. Barnardo）によって設立された．1989 年に入所サービスを廃止し，現在はバーナードズという名称で，児童や家庭のための地域支援を行っている．
5) 児童福祉に関する全米会議．1909 年の第 1 回開催以降，10 年ごとに開催され，今日まで続いている．
6) 従来の地域から切り離された大規模収容施設では，プライバシー確保を始めとする，個の尊厳を重視する環境が提供されにくいとして，1962 年にケネディが大統領命令として発した．大規模施設を廃止し，コミュニティを中心としたケアに移行させようとする動き．
7) 救済は家族および親族，ならびに近隣による扶養や相互扶助にて行うべきであるとし，どうしても放置できない「無告の窮民」（身寄りのない貧困者）だけはやむをえずこの規則により国庫で救済してよいとされた．救済対象者は極貧者，老衰者，廃疾者，孤児等．13 歳以下の孤児を育てる者には，養育米 7 斗（15 kg）を毎年支給していた．
8) 1891（明治 24）年に濃尾大震災，1896（明治 29）年に明治三陸地震，1905（明治 38）年に東北地方凶作など．
9) ①家族主義，②委託主義，③満腹主義，④実行主義，⑤非体罰主義，⑥宗教主義，⑦密室主義，⑧旅行主義，⑨米洗主義，⑩小学教育，⑪実業教育，⑫托鉢主義．
10) 留岡は北海道懲治監の教誨師やアメリカ留学での感化監獄での実習を通して，犯罪の芽は幼少期に発することや，幼い頃の家庭教育の大切さに気づく．その後，犯罪を犯した少年に，良い環境と教育を与えるための感化院を設立するために奔走した．
11) 当初は孤女や売春を強いられていた子どもたちを亮一・筆子が引き取り，「孤女学院」という孤児院として設立されたが，保護した孤女の中に知的障がい児がおり，その児童の教育を始めたことから，知的障がい児のための専門施設となる．
12) 当時は中卒で就職と共に退所するのが一般的であった．

参考文献
大島侑・遠藤和佳子・谷口純世ほか編『養護原理』ミネルヴァ書房，2007 年．
ロジャー・グッドマン著，津崎哲雄訳『日本の児童養護——児童養護学への招

待』明石書店，2006 年
土屋敦『はじきだされた子どもたち――社会的養護児童と「家庭」概念の歴史社会学』勁草書房，2014 年
ジョン・E・B・マイヤース著，庄司順一・澁谷昌史・伊藤嘉余子訳『アメリカの子ども保護の歴史――虐待防止のための改革と提言』明石書店，2011 年
津崎哲雄『英国の社会的養護の歴史――子どもの最善の利益を保障する理念・施策の現代化のために』明石書店，2013 年

第3章　児童家庭福祉の一分野としての社会的養護

第1節　児童家庭福祉と社会的養護の関連性

　現代社会の現状は，家庭支援が重要な課題となってきている．社会的養護は歴史的な紆余曲折を経ながらも，基本的に施設養護は家庭の代替機能という大きな位置づけがある．さらに，近年の施設養護では，被虐待児の増加から入所児の個別化の必要性と家庭支援という機能が加わってきた．また，地域社会における養育支援，予防的な子育て支援の充実も必要となってきた．

　そのため，児童家庭福祉の一分野としての社会的養護は，家庭の代替機能や子どもの育つ地域社会，家庭との関係から存在意義があるといえる．

1　家庭的養護を支える社会的養護の体系

（1）　母子保健に対する対策

　母子保健に対する対策は，健康診査，保健指導，療養援護，医療対策等が行われている．

　各母子保健対策の中では，現在，社会的に問題となっている発達障がい児の早期発見，母親の指導，相談機関等との連携を図っている．

　もう1つは，虐待の問題である．虐待予防，虐待の早期発見等，痛ましい事故に繋がらないように児童相談所等との連携は重要である．児童相談所を補完する機関でもあり，地域と密着している児童家庭支援センターの活用も忘れてはならない．

(2) 保育対策

「子ども・子育て支援新制度」とは，2012（平成24）年8月に成立した「子ども・子育て支援法」，「就学前の子どもに関する教育，保育等の総合的な提供の推進に関する法律の一部を改正する法律」，「子ども・子育て支援法及び就学前の子どもに関する教育，保育等の総合的な提供の推進に関する法律の一部を改正する法律の施行に伴う関係法律の整備等に関する法律」の子ども・子育て関連3法に基づく制度のことをいう．

子ども・子育て関連3法の主なポイントは，

① 認定こども園，幼稚園，保育所を通じた共通の給付（「施設型給付」）及び小規模保育等への給付（「地域型保育給付」）の創設
② 認定こども園制度の改善（幼保連携型認定こども園の改善等）
③ 地域の実情に応じた子ども・子育て支援
④ 基礎自治体（市町村）が実施主体
⑤ 社会全体による費用負担
⑥ 政府の推進体制
⑦ 子ども・子育て会議の設置

以上の7つである[1]．

(3) 児童の健全育成に関する対策

児童の健全育成に関する対策としては，児童館・児童遊園の設置普及，児童扶養手当の支給，児童養護施設・里親等の要養護児童対策等の他，放課後児童健全育成事業がある．

特に放課後児童健全育成事業の中に，児童福祉法の一部改正（平成24年4月1日）の障がい児に関する「放課後等デイサービス」とは別に，放課後児童クラブへ「障がい児受入強化推進事業」として推進され，身近な地域で健常児とともに放課後児童クラブでの障がい児の居場所が確保されたことがある．

（4） ひとり親家庭に関する対策

ひとり親家庭の自立支援対策は,「子育て・生活支援」,「就業支援」,「養育費確保支援」,「経済的支援」の4つの柱で施策を行っている．具体的には,ひとり親家庭等日常生活支援事業,「児童扶養手当の支給」,「母子父子・寡婦福祉資金の貸付」,「母子福祉関係施設の整備運営」である．

近年の社会状況も踏まえて，父子家庭への支援の拡大が図られている．また，市町村独自の取り組みとして，医療費の自己負担分の補助を行っているところも出てきている．

図 3-1　主な母子保健対策

(2012（平成24）年4月現在)

区分	思春期	結婚	妊娠	出産	1歳	2歳	3歳
健康診査等				●○妊産婦健康診査　●乳幼児健康診査　●1歳6か月児健康診査　●3歳児健康診査 ●新生児聴覚検査 ●先天性代謝異常,クレチン症検査 ●B型肝炎母子感染防止事業			
保健指導等				●妊娠の届出及び母子健康手帳の交付 ●マタニティマーク配付 ●保健師等による訪問指導等 ○乳児家庭全戸訪問事業（こんにちは赤ちゃん事業）（※2） ●母子保健相談指導事業（婚前学級）（新婚学級）（両親学級）（育児学級） ○生涯を通じた女性の健康支援事業（※1）（一般健康相談・不妊専門相談センター） ○子どもの事故予防強化事業 ●思春期保健対策の推進 ●食育の推進			
療養援護等				○未熟児養育医療 ○不妊に悩む方への特定治療支援事業（※1） ●妊娠中毒症等の療養援護 ○小児慢性特定疾患治療研究事業 ○小児慢性特定疾患児に対する日常生活用具の給付 ○結核児童に対する療育の給付 ○療育指導事業（※1） ○成育疾患克服等次世代育成基盤研究事業（厚生労働科学研究費）			
医療対策等				○健やかな妊娠等サポート事業（※1）　○子どもの心の診療ネットワーク事業（※1）			

○国庫補助事業　●一般財源による事業　※1 母子保健医療対策等総合支援事業　※2 子育て支援交付金による事業

（注）妊婦健康診査については，必要な回数（14回程度）のうち，5回分は地方財政措置，残りの9回分は，妊婦健康診査支援基金（平成24年度まで）により，国庫補助（1/2）と地方財政措置（1/2）．

（出所：厚生労働省『平成26年版　厚生労働白書』，平成26年8月5日発行，p.188）

2 社会的養護の課題と将来像

社会的養護は，親のいない子どもや親の育てられない子どもたちが中心であった．現在は，虐待を受けた子どもや障がいのある子ども，DV被害を受けた母親の子どもなどへと変化してきた．その役割や近年の変化に対して，ソフト・ハード面に遅れが出ている状況である．

しかし，「子どもの最善の利益」という基本的な考え方は変わっていない．

社会的養護の機能は，「養育機能」「心理的ケア等の機能」「地域支援等の機能」の3つである．このような基本的な考え方を基に，「児童養護施設等の社会的養護の課題に関する検討会」（平成23年7月）は，社会的養護の課題と将来像について，施設の小規模化，施設機能の地方分散化，里親推進，など家庭的養護の推進，虐待を受けた子どもやDV被害を受けた母子などに対する専門的なケアの充実，施設の運営の質と職員の専門性の向上，親子関係の再構築支援，自立支援，子どもの権利擁護，社会的養護の地域化，人員配置の見直し，社会的養護の整備量の将来像など，社会的養護の課題と将来像についてまとめられている[2]．

これらを推進していく上での問題点もある．施設の小規模化が推進されると，施設内の虐待が見えにくくなる．また，里親を推進する中で，里親における虐待の問題や入所児に発達障がい児が増えていることから，里親となった後，発達障がいが分かった場合の問題等もある．

第2節　児童の権利擁護と社会的養護

1　社会的養護と子どもの権利

(1)　子どもの権利の変遷

古くは18世紀以降，ルソー（Rousseau, J. J.）やヘルスタロッチ（Pestlozzi, J. H.），フレーベル（Fröbel, F. W.），オーエン（Owen, R.）らは，子どもは大

人とは異なるものであり，特別な存在であり，それぞれの立場から社会的な対応が必要であると訴えている．また，保護するべき存在であるとの考え方であった．その後は，子どもの教育の保障が重視されるようになり，紆余曲折を重ねて，第一次世界大戦後になって，国際連盟で採択された「ジュネーブ宣言」（1924年）において，やっと人類は児童に対して最善のものを与える義務があることを宣言している．

　第二次世界大戦後，国際連合で1948年に「世界人権宣言」を採択し，1959年には，「児童権利宣言」を採択している．「児童権利宣言」の前文には「児童は，身体的及び精神的に未熟であるため，その出生の前後において，適当な法律上の保護を含めて，特別にこれを守り，かつ，世話することが必要である」ことが明示されている．さらに「人類は，児童に対し，最善のものを与える義務をおうものである」とも明示している．

　その後，1989（平成元）年秋の国連総会で全会一致で採択した「児童の権利に関する条約」は，18歳未満のすべての人の保護と基本的人権の尊重を促進することを目的とされたものである．わが国は，1990（平成2）年9月21日にこの条約に署名し，1994（平成6）年4月22日に批准をした．

　「障害者の権利に関する条約」は，2006年（平成18）に国際連合で採択され，日本は2014（平成26）年に批准しており，140番目（EUを含むと141番目）の批准である．

　「児童の権利に関する条約」が国連で採択されて5年後にやっと批准しているが，「障害者の権利に関する条約」は，8年後，140番目となり，日本は諸外国に比べ，児童や障がい者といった社会的弱者に対する条約の批准が遅く，日本の政府は，人権や権利に関する条約の批准が遅れるという傾向があることは確かである．

(2) 「児童の権利に関する条約」

　「児童の権利に関する条約」の前文には，児童に対して特別な保護を与えることの必要性が，1924（大正13）年の児童の権利に関する「ジュネーヴ宣

言」および 1959（昭和 34）年 11 月 20 日に国際連合総会で採択された「児童の権利に関する宣言」において述べられている．また，「世界人権宣言，市民的及び政治的権利に関する国際規約（特に第 23 条及び第 24 条），経済的，社会的及び文化的権利に関する国際規約（特に第 10 条）並びに児童の福祉に関係する専門機関及び国際機関の規程及び関係文書において認められていることに留意する」とあり，児童の権利に関する宣言において示されているとおり，「児童は，身体的及び精神的に未熟であるため，その出生の前後において，適当な法的保護を含む特別な保護及び世話を必要とする」という受動的な権利が認められている．

その他，第 12 条の意見表明権，第 13 条の表現・情報の自由，第 14 条の思想・良心・宗教の自由，第 15 条の結社・集会の自由など，能動的な権利も認められている．これまで，子どもは受動的な権利が中心であったが，前述のように「児童の権利に関する条約」には，能動的な権利の認識がなされるようになったのである[3]．

さらに第 23 条では，障がいを有する児童についても規定している．

2 「児童の権利に関する条約」以後の流れ

「児童の権利に関する条約」の第 9 条には親からの分離を禁止し，第 20 条では，代替的養護（社会的養護）を子どもの権利として規定している．

国際連合では，2009（平成 21）年に「児童の代替的養護に関する指針」が採択された．これは，親の養護を奪われたり，奪われる危機にさらされている子ども達を保護するため，福祉に関するその他の国際文書の関連規定の実施を強化するために採択されたのである．

「児童の代替的養護に関する指針」の中では，親と離れて暮らすこと自体を権利侵害の状態であるとし，社会的養護は一時的な措置であり，できるだけ短期間とすべきであると述べている．そして，「家庭を基本とした環境」すなわち，里親を基本とすべきと記されている．

日本でも，社会保障審議会児童部会社会的養護専門委員会が「社会的養護

の課題と将来像」で，家庭的養護の推進から，里親，ファミリーホームを優先すると共に，施設養護（児童養護施設，乳児院）もできる限り家庭的な養育環境（小規模グループケア，グループホーム）の形態に変えていく必要があると述べている．その他，「専門的なケアの充実」や「自立支援の充実」，「家庭支援，地域支援の充実」が必要であるとも述べられている．

子どもの権利擁護に関する具体的な取り組みとしては，「福祉サービス第三者評価」の義務づけや「子どもの権利ノート」の活用が行われている．

最後に，子どもたちが進路の選択に困った時，例えば乳児院の入所期間が終わり，家庭に帰すのかそれとも児童養護施設に入るのか等，家庭に帰るという選択肢について悩むことがしばしばある．普通に考えれば家庭に帰ることが最善のように思われるが，その時はまず「児童の権利に関する条約」の中にある「児童の最善の利益」を常に基本として考えることが大切である．近年の虐待を受けた子どもたちの置かれた状況を考える上で，必ずしも家庭が子どもたちにとって最善の場とは言えなくなってきているからである．

注
1) 内閣府・子ども・子育て支援新制度の制度の概要「子ども子育て支援新制度とは」2012年
2) 厚生労働省，児童養護施設等の社会的養護の課題に関する検討委員会・社会保障審議会児童部会社会的養護専門委員会とりまとめ，平成23年7月
3) 文部科学省「児童の権利に関する条約」について，平成6年5月20日，文部事務次官通知

参考文献
石川稔・森田明編『児童の権利条約——その内容・課題と対応』一粒社，1995年
児童自立支援対策研究会編『子ども・家族の自立を支援するために——子ども自立支援ハンドブック』日本児童福祉協会，2005年
『新保育士養成講座』編纂委員会編『社会的養護（改訂2版）』全国社会福祉協議会，2015年

第4章　児童の権利擁護と社会的養護

第1節　児童の権利擁護の規定

1　基本的人権

　児童の権利擁護を述べる前に，児童に限らず人間が人間であるがゆえに当然に認められる「基本的人権」に触れておきたい．

　あなたにとって「幸せ」とは何か？　仲のいい友人たちと遊ぶこと，美味しい食事をとること，ぐっすり眠ることなど，いろいろ考えられるであろう．これらに共通していることは誰にも邪魔されず自分の思った通りに生きていくことであり，別の表現をすれば「自分らしさの実現」ということもできる．その「自分らしさの実現」を尊重することが「個人の尊重」である．これは日本国憲法第13条において「すべての国民は，個人として尊重される」と規定され，「基本的人権」の中核規定とされているものである．そして「基本的人権」とは，すべての人が自分らしく幸せに生きることにほかならない．

2　「児童の権利に関する条約（子どもの権利条約）」

　その基本的人権に加え，1959（昭和34）年，国際連合総会で採択された児童の権利に関する宣言で「児童は，身体的及び精神的に未熟であるため，その出生の前後において，適当な法的保護を含む特別な保護及び世話を必要とする」と示されたことを踏まえ，1989（平成元）年，国際連合総会において満場一致で「児童の権利に関する条約」が採択された．

(1)「児童の権利に関する条約」の理念

「児童の権利に関する条約」は前文と54条からなり，「児童の最善の利益」を理念としている．規定されているのは子どもの生存，発達，保護，参加という包括的な権利を実現・確保するために必要となる具体的な事項である．また児童について，18歳未満のすべての者と定義している．

(2)「児童の権利に関する条約」の4本の柱と条約の補完

ユニセフ（国際連合児童基金）ではこの条約で守られるべき権利を下記の4本の柱としてまとめている．

① 生きる権利

防げる病気などで命を奪われないこと．病気やけがをしたら治療を受けられることなど．

② 育つ権利

教育を受け，休んだり遊んだりできること．考えや信じることの自由が守られ，自分らしく育つことができることなど．

③ 守られる権利

あらゆる種類の虐待や搾取などから守られること．障がいのある子どもや少数民族の子どもなどは特に守られることなど．

④ 参加する権利

自由に意見をあらわしたり，集まってグループをつくったり，自由な活動を行ったりできることなど．

また既存の条約を補完するため，現在，以下の3つの選択議定書（法的国際文書）が，作成されている．

① 「武力紛争における子どもの関与に関する選択議定書」（2002年発効）
② 「子どもの売買，子ども買春および子どもポルノグラフィーに関する選択議定書」（2002年発効）
③ 「通報制度に関する選択議定書」（2014年発効）

(3) 能動的権利

「児童の権利に関する条約」の大きな特徴として，「受動的権利」だけでなく「能動的権利」を明記した点があげられる．「受動的権利」とは，児童は未熟な存在であり保護や教育の対象としての児童の権利をいう．対して「能動的権利」とは，児童の発達段階に応じ自らの感じ方を表現し，意見を主張し，自己決定し，社会に参加していく主体としての児童の権利をいう．

3　児童の権利擁護に関するその他の規定

「児童の権利に関する条約」の他に児童の権利擁護を目的とした法律に，1999（平成11）年制定の「児童買春，児童ポルノに係る行為等の規制及び処罰並びに児童の保護等に関する法律（児童買春・児童ポルノ禁止法）」，2000（平成12）年制定の「児童虐待の防止等に関する法律（児童虐待防止法）」，2001（平成13）年制定の「配偶者からの暴力の防止及び被害者の保護等に関する法律（DV防止法）」，2010（平成22）年制定の「子ども・若者育成支援推進法」などがある．

第2節　児童の権利擁護の具体的取り組み

1　施設運営指針における権利擁護

厚生労働省は2011（平成23）年7月にまとめた「社会的養護の課題と将来像」において，社会的養護の現状では施設等の運営の質の差が大きいことから，施設運営等の質の向上を図るため，施設等種別ごとの指針を作成することとした．

「施設等種別ごと」とは，児童養護施設，乳児院，情緒障害児短期治療施設，児童自立支援施設，母子生活支援施設，里親及びファミリーホームの6つである．2015（平成27）年7月に7つ目となる自立援助ホームの運営指針が作成されている．

児童養護施設運営指針においては，児童の権利擁護について，主に下記のように述べられている．

(1) 子どもの尊重と最善の利益の考慮
　子どもを尊重した養育・支援についての基本姿勢を明示するとともに，施設長や職員が子どもの権利擁護に関する施設内外の研修に参加し，施設全体で共通した権利擁護の姿勢を持つための取り組みを行う．また子どもの発達に応じて，子ども自身の出生や生い立ち，家族の状況について，子どもに適切に知らせる（伝え方等は職員会議等で確認・共有し，また児童相談所と連携を図る）．

(2) 子どもの意向への配慮
　子どもの意向を把握する具体的な仕組み（日常会話や意向調査，個別の聴取等）を整備し，その結果を踏まえて養育・支援の内容の改善に向けた取り組みを行う．生活日課については子どもとの話し合いを通して決める．

(3) 入所時の説明等
　子どもや保護者等に対して養育・支援の内容を正しく理解できるよう情報提供し，入所時には施設で定めた様式に基づき養育・支援の内容や施設での約束ごとについて，子どもや保護者等にわかりやすく説明する．

(4) 権利についての説明
　子どもに対し，「権利ノート」（第2節2で詳しく述べる）やそれに代わる資料を使用して施設生活の中で守られる権利について正しく理解できるよう，わかりやすく説明する．

(5) 子どもが意見や苦情を述べやすい環境
　子どもが相談したり意見を述べたりしたいときに相談方法や相談相手を選

択できる環境（苦情解決責任者の設置，苦情受付担当者の設置，第三者委員の設置）を整備し，子どもに伝えるための取り組みを行う．

(6) 被措置児童等虐待対応

いかなる場合においても体罰や子どもの人格を辱めるような行為を行わないよう徹底する（就業規則等の規程に体罰等の禁止を明記する）．子ども間の暴力等を放置することも不適切なかかわりであり，防止する．また被措置児童等虐待の届出・通告に対する対応を整備し，迅速かつ誠実に対応する．

(7) 他者の尊重

様々な生活体験や多くの人たちとのふれあいを通して，他者への心づかいや他者の立場に配慮する心が育まれるよう支援する．

2 子どもの権利ノート

「子どもの権利ノート」とは，子どもが有する権利についてわかりやすく解説したガイドブックのような役割をもつものである．児童養護施設等に入所する児童に児童相談所等で手渡される．近年，里親委託の際に配られることも増えてきている．

体裁は都道府県（指定都市・中核市を含む）により異なるが，施設入所や里親委託される児童が自分の権利の内容を知るとともに，その守り方・守られ方が年齢に応じて理解しやすい内容となっている．

たとえば，「ぼく」と「わたし」（入所児童）が施設に入所するにあたり不安に思うことや心配なことを，「児相くん」（児童相談所）と「施設ちゃん」（入所施設）に質問し，それに「児相くん」，「施設ちゃん」が答えるというQ＆A方式の絵本仕立ての「権利ノート」もある．以下に実際のやり取りをいくつかとりあげる．

① ぼく・わたし：どうして住むところがかわるの？　そこはどんなとこ

　　　　　　　　　　　　ろ？
　　児相くん　　：いろいろな理由があるので，どうしてなのかは私たちが
　　　　　　　　　説明します．
　　施設ちゃん　：聞きたいことがあるときは，相談所の先生に相談するよ．
　　　　　　　　　これから住むところは『施設』と呼ばれているんだよ．
　　　　　　　　　施設は大きな家のようなもので，みんなが家族のように
　　　　　　　　　暮らしているんだよ．
② ぼく・わたし：嫌なことがあった時は？
　　施設ちゃん　：そんな時は，放っておかずに，解決する方法をすぐに考
　　　　　　　　　えるよ．
　　児相くん　　：私たちも，施設のひとと一緒に考えます．
③ ぼく・わたし：家族とは会えるの？
　　施設ちゃん　：会えるよ．家族や友だちに会いたいときは，一緒にその
　　　　　　　　　方法を考えたり，相談所の先生に相談してみるよ．
　　児相くん　　：すぐに会えないこともありますが，あなたが家族に会え
　　　　　　　　　るようにお手伝いします．

　またこれらの答えの裏づけとなる「児童の権利に関する条約（子どもの権利条約）」の条文も示されている[1]．
　その他の内容としては，児童相談所の連絡先や無料の相談窓口の電話番号などが記載されているもの，切手を貼らずとも児童相談所に届けられるハガキ（料金受取人払郵便）のついたものもある．

3　施設内虐待防止（被措置児童等虐待防止）

　「被措置児童等」とは，何らかの事情により家庭での養育が受けられなくなった子ども等のことで，児童福祉施設だけでなく一時保護所や里親，小規模住居型児童養育事業（ファミリーホーム）のもとで生活する子どもたちも含まれる．

それらの子どもたちが生活する施設等（小規模住居型児童養育事業者，里親，乳児院，児童養護施設，知的障害児施設，知的障害児通園施設，盲ろうあ児施設，肢体不自由児施設，重症心身障害児施設，情緒障害児短期治療施設，児童自立支援施設，指定医療機関，一時保護所）は，子どもたちが信頼できる大人や仲間の中で安心して生活を送ることができる場でなければならないが，時に子どもたちから信頼を寄せられるべきはずの施設職員等が施設で生活する子どもたちに対して虐待行為を行うことがある．これらは子どもの人権を著しく侵害することであり，絶対にあってはならないことである．

上記のことを踏まえ，「児童福祉法等の一部を改正する法律」2008（平成20）年において，「施設職員等は，被措置児童等虐待その他被措置児童等の心身に有害な影響を及ぼす行為をしてはならない」（児童福祉法第33条の11）こと，および同法の「第六条の三各項に規定する事業を行う者，里親及び児童福祉施設（指定障害児入所施設及び指定通所支援に係る児童発達支援センターを除く．）の設置者は，児童，妊産婦その他これらの事業を利用する者又は当該児童福祉施設に入所する者の人格を尊重するとともに，この法律又はこの法律に基づく命令を遵守し，これらの者のため忠実にその職務を遂行しなければならない」（児童福祉法第44条の3）ことが明確に規定された．

厚生労働省がその規定を踏まえ2009（平成21）年3月に作成した「被措置児童等虐待対応ガイドライン」では，被措置児童等虐待予防の取り組み例として，

① 子どもの権利についての研修等を行い施設職員等の意識を向上させる
② 「子どもの権利ノート」の作成，配布
③ 被措置児童等虐待について説明するための「しおり」などを作成し被措置児童等や保護者へ配布，説明
④ 「子どもの自治会」等の開催を通じた被措置児童等による主体的な取り組みや，「意見箱」の設置など，子どもの意見を汲み取る仕組みづくり
⑤ ケアの孤立・密室化の防止（複数体制の確保）
⑥ 職員のメンタルヘルスに対する配慮

などをあげている．

　また被措置児童等虐待を受けたと思われる児童を発見した者（一般人，施設職員，幼稚園・学校職員，医療関係者など）は，直接あるいは児童委員を介して，都道府県の設置する福祉事務所，児童相談所，都道府県児童福祉審議会，都道府県の行政機関，市町村に通告しなければならない義務を負う．被措置児童等の場合は，児童相談所，都道府県（担当部署），都道府県児童福祉審議会に届け出ることができる．

4　社会的養護関係施設の第三者評価事業と自己評価

　社会福祉施設等の第三者評価は，個々の事業者が事業運営における問題点を把握し，質の向上に結びつけることを目的に任意に実施されている．また，福祉サービス第三者評価を受けた結果が公表されることにより，結果として利用者の適切なサービス選択に資するための情報となる．

　それらの福祉施設等の中でも社会的養護関係施設（「児童養護施設」，「乳児院」，「情緒障害児短期治療施設」，「児童自立支援施設」，「母子生活支援施設」）については，子どもが施設を選ぶ仕組みでない措置制度等であり，施設長による親権代行等の規定もあるほか，被虐待児等が増加し，施設運営の質の向上が必要であることから，2012（平成24）年度より，社会的養護関係施設に第三者評価の受審およびその結果の公表が義務づけられた．その目的は，子どもの最善の利益の実現のために，施設運営の質の向上を図るためである．

　社会的養護関係施設の第三者評価は，原則として厚生労働省が定めた評価基準に沿って，施設の職員全体で施設運営を振り返るとともに成果と課題を洗い出す「自己評価」から始まる．その上で，外部の目で評価を受けることを通じて，今後の取り組み課題を把握することが重要となる．また外部の第三者に対して，自らの取り組みを説明できるようになることも重要である．なお評価基準は，社会的養護の各施設の施設運営指針に基づくとともに，全国共通の第三者評価基準をガイドラインとしてこれに基づいて定める場合には，都道府県独自のものを定めることも可能である．

実施期間については，3か年度に1回以上受審し，その他の年度は第三者評価基準の評価項目に沿って，自己評価を行わなければならない．

評価の結果については，実施した第三者評価機関が評価結果を全国推進組織および都道府県推進組織に提出し，全国推進組織がその結果を公表することが定められ，併せて都道府県推進組織においても公表することができる．

また，他の福祉施設等では必須ではない利用者調査（アンケート）も社会的養護関係施設については必ず実施するよう定められていることも大きな特徴といえる．ここでいう利用者とは「児童養護施設」，「情緒障害児短期治療施設」，「児童自立支援施設」では施設に入所している小学校4年生以上の児童，「乳児院」は入所している児童の保護者，「母子生活支援施設」では入所している児童とその母親のことを指す．

アンケートの質問内容の一部をとりあげると「施設は安心して生活ができますか？」，「自分の気持ちや考えを話しやすい施設の大人の人がいますか？」，「プライバシーは守られていますか？」などがある．

注
1) 『大きな家族の本——これからの生活に向けて』青森県健康福祉部こどもみらい課，2005（平成17）年を参考に筆者が編集．

参考文献
子どもの権利に関する研究会編『Q&A子どもをめぐる法律相談』新日本法規出版，2015年
櫻井奈津子『社会的養護の原理』青踏社，2011年
『新保育士養成講座』編纂委員会編『社会的養護（改訂2版）』全国社会福祉協議会，2015年
山本克司『福祉に携わる人のための人権読本』法律文化社，2009年

第 5 章　社会的養護の制度と法体系

第 1 節　社会的養護と児童福祉法

1　児童福祉の原理

　「児童福祉法」は第 1 条第 1 項で「すべて国民は，児童が心身ともに健やかに生まれ，且つ，育成されるよう努めなければならない」同条第 2 項で「すべて児童は，ひとしくその生活を保障され，愛護されなければならない」と規定している．公の責任については，第 2 条で「国及び地方公共団体は，児童の保護者とともに，児童を心身ともに健やかに育成する責任を負う」とする．さらには，第 3 条で「前 2 条に規定するところは，児童の福祉を保障するための原理であり，この原理は，すべて児童に関する法令の施行にあたって，常に尊重されなければならない」とする．これは児童福祉原理の尊重を定めるものであり，「児童福祉法」が児童福祉の基本法であることを示している．

2　要保護児童と措置

　要保護児童については第 6 条の 3 第 8 項で「保護者のない児童又は保護者に監護させることが不適当であると認められる児童」と定義されている．要保護児童を発見した者は，市町村，都道府県の設置する福祉事務所もしくは児童相談所又は児童委員を介して市町村，都道府県の設置する福祉事務所もしくは児童相談所に通告しなければならない（第 25 条）．児童相談所長は第 25 条の規定による通告を受けた児童について，必要があると認めたときは

措置を採らなければならなく，第27条の措置を要すると認める者は，都道府県知事に報告することとされている．これら通告があった児童については，市町村は，要保護児童等に対する支援の実施状況を的確に把握し，必要があると認めたときは，一定の措置を採らなければならない（第25条の8第1項）．そのうち第27条に定める措置を要すると認められる者は，児童相談所に送致される．

なお，都道府県知事は，第28条に定める措置を採るため，必要があると認めるときは，児童委員又は児童の福祉に関する事務に従事する職員をして，児童の住所もしくは居所又は児童の従業する場所に立ち入り，必要な調査又は質問をさせることができる（第29条）．

3　被措置児童等虐待の防止

施設職員等（里親やその同居人，乳児院・児童養護施設・障害児入所施設などの施設長・職員）は，被措置児童等虐待その他被措置児童等の心身に有害な影響を及ぼす行為をしてはならない（第33条の11）．

被措置児童等虐待を受けたと思われる児童を発見した者は，速やかに，都道府県の設置する福祉事務所，児童相談所，都道府県の行政機関，都道府県児童福祉審議会もしくは市町村に通告しなければならない（第33条の12）．

被措置児童等虐待とは，施設職員等が，委託された児童・入所する児童・一時保護児童について次の行為をすることをいう（第33条の10）．①被措置児童等の身体に外傷が生じ，又は生じるおそれのある暴行を加えること．②被措置児童等にわいせつな行為をすること又は被措置児童等をしてわいせつな行為をさせること．③被措置児童等の心身の正常な発達を妨げるような著しい減食又は長時間の放置，同居人もしくは生活を共にする他の児童による②又は③の行為の放置その他の施設職員等としての養育又は業務を著しく怠ること．④被措置児童等に対する著しい暴言又は著しく拒絶的な対応その他の被措置児童等に著しい心理的外傷を与える言動を行うこと．

第2節　児童福祉法以外の法律と厚生労働省

1　社会福祉法

「社会福祉法」は社会福祉を目的とする事業の全分野における共通的基本事項を定め，社会福祉を目的とする他の法律と相まって，福祉サービスの利用者の利益の保護及び地域における社会福祉（地域福祉）の推進を図るとともに，社会福祉事業の公明かつ適正な実施の確保及び社会福祉を目的とする事業の健全な発達を図り，もって社会福祉の増進に資することを目的としている（第1条）．

社会福祉事業は第1種と第2種に分けられる．第1種社会福祉事業は，入所施設利用者の人格に関わる影響が大きいなどの理由から，運営主体を国・地方公共団体などの行政と社会福祉法人を原則としている．

第8章は福祉サービスの適切な利用について規定していて第75条では「社会福祉事業の経営者は，福祉サービを利用しようとする者が，適切かつ円滑にこれを利用することができるように，その経営する社会福祉事業に関し情報の提供を行うよう努めなければならない」（第1項），「国及び地方公共団体は，福祉サービスを利用しようとする者が必要な情報を容易に得られるように，必要な措置を講ずるよう努めなければならない」（第2項）としている．また，社会福祉事業の経営者は，常に，その提供する福祉サービスについて，利用者等からの苦情の適切な解決に努めなければならない（第82条）．

2　次世代育成支援対策推進法

わが国における急速な少子化の進行並びに家庭及び地域を取り巻く環境の変化にかんがみ，次世代育成支援対策に関し，基本理念を定め，並びに国，地方公共団体，事業主及び国民の責務を明らかにするとともに，行動計画策

定指針並びに地方公共団体及び事業主の行動計画の策定その他の次世代育成支援対策を推進するために必要な事項を定めることにより，次世代育成支援対策を迅速かつ重点的に推進し，もって次代の社会を担う子どもが健やかに生まれ，かつ，育成される社会の形成に資することを目的としている（第1条）．この法律は2014（平成26）年に改正され，有効期限が2025（平成37）年3月まで10年間延長された．また，特例認定制度が設けられ，雇用環境の整備に関し適切な行動計画を策定し実施している旨の厚生労働大臣による認定を受けた事業主のうち，特に次世代育成支援対策の実施の状況が優良なものについて，厚生労働大臣による特例認定を受けた場合，一般事業主行動計画の策定・届出義務に代えて，次世代育成支援対策の実施状況の公表を義務づけることとされた．

3　厚生労働省

厚生労働省は，社会保障や医療に関する政策を企画立案し法令・予算を執行する中央官庁である．内部部局のうち雇用均等・児童家庭局は，児童の保育・養護・虐待防止，児童文化の向上，妊産婦などの母子福祉・母子保健，母子家庭や寡婦に関することなどを所管している．

第3節　社会的養護にかかわるその他の法令・通達

1　児童福祉施設の設備及び運営に関する基準

都道府県は，児童福祉施設の設備及び運営について，条例で基準を定めなければならない．その基準は，児童の身体的，精神的及び社会的な発達のために必要な生活水準を確保するものでなければならない．都道府県がその条例を定めるに当たっては，一定の事項については厚生労働省令で定める基準に従い定め，その他の事項については厚生労働省令で定める基準を参酌することとされている（「児童福祉法」第45条）．

これを受けて「児童福祉施設の設備及び運営に関する基準」では，都道府県知事の監督に属する児童福祉施設に入所している者が，明るくて，衛生的な環境において，素養があり，かつ，適切な訓練を受けた職員（児童福祉施設の長を含む）の指導により，心身ともに健やかにして，社会に適応するように育成されることを保障している．厚生労働大臣は，これら設備運営基準を常に向上させるように努めなければならない（「基準」第1条第1項・第2項）．

例えば，児童養護施設における養護は，児童に対して安定した生活環境を整えるとともに，生活指導，学習指導，職業指導及び家庭環境の調整を行いつつ児童を養育することにより，児童の心身の健やかな成長とその自立を支援することを目的として行わなければならない（第44条）．児童養護施設では，第42条で児童指導員・嘱託医・保育士・個別対応職員・家庭支援専門相談員・栄養士及び調理員並びに乳児が入所している施設にあっては看護師を置かなければならないと規定されている．ただし，児童40人以下を入所させる施設にあっては栄養士を，調理業務の全部を委託する施設にあっては調理員を置かないことができる．

児童福祉施設は，入所している者又はその保護者等からの援助に関する苦情に迅速かつ適切に対応するために，苦情を受け付けるための窓口を設置する等の必要な措置を講じなければならない（第14条の3第1項）．

自己評価・第三者評価については，各児童福祉施設とも「業務の質の評価を行うとともに，定期的に外部の者による評価を受けて，それらの結果を公表し，常にその改善を図らなければならない」とされている（例えば乳児院について第24条の3）．

2　里親が行う養育に関する最低基準

第4条では養育の一般原則について定めている．「里親が行う養育は，委託児童の自主性を尊重し，基本的な生活習慣を確立するとともに，豊かな人間性及び社会性を養い，委託児童の自立を支援することを目的として行われ

なければならない」としている．

第13条では苦情等への対応を規定し，第1項では「里親は，その行った養育に関する委託児童からの苦情その他の意思表示に対し，迅速かつ適切に対応しなければならない」，第2項では「里親は，その行った養育に関し，都道府県知事（略）から指導又は助言を受けたときは，当該指導又は助言に従って必要な改善を行わなければならない」としている．

3　各施設の運営指針，里親及びファミリーホーム養育指針

「児童養護施設運営指針」，「乳児院運営指針」，「情緒障害児短期治療施設運営指針」，「児童自立支援施設運営指針」，「母子生活支援施設運営指針」，「里親及びファミリーホーム養育指針」など施設・種別ごとに運営指針がある．

例えば，「児童養護施設運営指針」は，「社会的養護の様々な担い手との連携の下で，社会的養護を必要とする子どもたちへの適切な支援を実現していくこと」を目的としている．同指針は「社会的養護を担う児童養護施設における運営の理念や方法，手順などを社会に開示し，質の確保と向上に資するとともに，また，説明責任を果たすこと」にもつながるとしている（第Ⅰ部総論1．目的）．

続いて，児童養護施設で「暮らし，そこから巣立っていく子どもたちにとって，よりよく生きること（well-being）を保障するものでなければならない．また社会的養護には，社会や国民の理解と支援が不可欠であるため，児童養護施設を社会に開かれたものとし，地域や社会との連携を深めていく努力が必要である．さらに，そこで暮らす子どもたちに一人一人の発達を保障する取組を創出していくとともに，児童養護施設が持っている支援機能を地域へ還元していく展開が求められる．」としている．「第Ⅱ部各論4．権利擁護（5）子どもが意見や苦情を述べやすい環境」では，①子どもが相談したり意見を述べたりしたいときに相談方法や相談相手を選択できる環境を整備し，子どもに伝えるための取組を行う，②苦情解決の仕組みを確立し，子どもや

保護者等に周知する取組を行うとともに，苦情解決の仕組みを機能させる，③子ども等からの意見や苦情等に対する対応マニュアルを整備し，迅速に対応する，とする．「8. 施設の運営（8）評価と改善の取組」では，①施設運営や養育・支援の内容について，自己評価，第三者評価等，定期的に評価を行う体制を整備し，機能させる，②評価の結果を分析し，施設として取り組むべき課題を明確にし，改善策や改善実施計画を立て実施する，としている．

「里親及びファミリーホーム養育指針」は，里親及びファミリーホームにおける養育の内容と運営に関する指針を定めるものである．社会的養護を担う里親及びファミリーホームにおける養育の理念や方法，手順などを社会に開示し，質の確保と向上に資するとともに，また，説明責任を果たすことにもつながるものである（同指針「目的」）．「理念」の項目では，「里親及びファミリーホームは，社会的養護を必要とする子どもを，養育者の家庭に迎え入れて養育する「家庭養護」であるとし，社会的養護の担い手として，社会的な責任に基づいて提供される養育の場である」としている．

4　里親制度運営要綱

「里親制度運営要綱」の第1「里親制度の趣旨」では，「家庭での養育に欠ける児童等に，その人格の完全かつ調和のとれた発達のための温かい愛情と正しい理解をもった家庭を与えることにより，愛着関係の形成など児童の健全な育成を図る」とされている．

5　その他

このほか「児童福祉法施行令」，「児童福祉法施行規則」，「児童虐待の防止に関する法律」，「児童福祉法に基づく指定通所支援の事業等の人員，設備及び運営に関する基準」，「児童福祉法に基づく指定障害児入所施設等の人員，設備及び運営に関する基準」，「児童福祉法に基づく指定障害児相談支援の事業等の人員，設備及び運営に関する基準」など多くの法令・通達がある．

参考文献
井村圭壯・相澤讓治編著『総合福祉の基本体系（第2版）』勁草書房，2013年
井村圭壯・相澤讓治編著『保育と社会的養護』学文社，2014年
社会福祉士養成講座編集委員会編『新社会福祉士養成講座　第10巻　福祉行財政と福祉計画（第4版）』中央法規出版，2014年

第 6 章　社会的養護の仕組みと実施体系

第 1 節　児童福祉の実施機関

1　市町村・都道府県

　市町村の業務については,「児童福祉法」第 10 条に規定されている．業務の内容としては，児童および妊産婦の福祉に関し，必要な実情の把握・必要な情報の提供・家庭その他からの相談に応じ，必要な調査および指導を行い，これらに付随する業務を行うことと定められている．これらの業務に伴い，専門的な知識および技術を必要とするものについては，児童相談所の技術的援助および助言を求めなければならないのである．

　都道府県の業務については,「児童福祉法」第 11 条に規定されていて，市町村の業務の実施に関し，市町村相互間の連絡調整，市町村に対する情報の提供，市町村職員の研修その他必要な援助を行うこと，およびこれらに付随する業務を行うこととなっている．また，都道府県は市町村に対して，指導監督する権限を有していることになる．

　さらに都道府県，市町村はそれぞれの業務を行うための機関を設けている．それは，都道府県や政令指定都市が児童相談所を設置して，児童相談所がその権限の委譲のもとに業務を行っていることが例としてあげられる．

2　福祉事務所

　福祉事務所とは,「社会福祉法」第 14 条「都道府県及び市（特例区を含む．以下同じ．）は，条例で，福祉に関する事務所を設置しなければならない」

と規定されている機関である．町村については，「条例で，その区域を所管区域とする福祉に関する事務所を設置することができる」となっているため，任意設置である．

都道府県の設置する福祉事務所では，「生活保護法，児童福祉法及び母子及び父子並びに寡婦福祉法に定める援護又は育成の措置に関する事務のうち都道府県が処理することとされているものをつかさどるところ」と規定されている（福祉三法を所管）．また，市町村の設置する福祉事務所では，「生活保護法，児童福祉法，母子及び父子並びに寡婦福祉法，老人福祉法，身体障害者福祉法及び知的障害者福祉法に定める援護，育成又は更生の措置に関する事務のうち市町村が処理することとされているもの（政令で定めるものを除く．）をつかさどるところ」と規定されている（福祉六法を所管）．

このことから，福祉事務所は第一線の社会福祉行政機関であるといえる．

3　児童相談所

児童相談所は，「児童福祉法」第12条に基づき，都道府県に設置義務が課せられている．また，政令指定都市にも設置義務が課せられ，中核市に関しては任意の設置となっている．

児童相談所はすべての児童（18歳未満）に関する様々な問題について，家庭や学校その他からの相談で専門的な知識および技術を必要とするものに応じ，必要な調査ならびに医学的，心理学的，教育学的，社会学的および精神保健上の判定を行う．これらの調査や判定に基づき，子どもやその家庭に必要な専門的な指導・援助を行う．また必要であれば児童の一時保護を行う．他にも，里親に対しての援助も行う．このように，児童相談所は子どもの福祉と権利擁護を図ることを目的として設置されている．

これまでは，子どもと家庭に関するあらゆる相談の窓口から援助まで機能していたが，2004（平成16）年の「児童福祉法」改正により，要保護性の高い困難事例への対応や市町村に対する後方支援にその役割を重点化している．

職員としては，所長をはじめ児童福祉司，相談員，児童心理司，医師，児

童指導員，保育士などが配置されている．

児童相談所で受け付ける相談の種類は①障がい相談（知的障がい，肢体不自由，重症心身障がい，視聴・言語障がい，自閉症など障がいのある児童に関する相談），②育成相談（しつけ，性格行動，適正，不登校，教育その他児童の育成上の諸問題に関する相談），③養護相談（保護者の病気，家出，離婚などによる養育困難，棄児，被虐待児，被放任児など養育環境上問題のある児童に関する相談），④非行相談（窃盗，傷害，放火などの触法行為のあった児童，浮浪，乱暴などの問題行為の見られる児童に関する相談），⑤その他の相談となっている．

このことから，児童相談所は児童福祉の第一線機関として設置されていることがわかる．

第2節　児童福祉施設

児童福祉施設は社会福祉施設の一類型であり，行政機関による入所措置・決定を必要とする施設と，児童や保護者の自由意志により利用できる施設とに分けられる．また，入所型と通所型，医療法に規定する病院・診療所として必要な設備・職員を必置とする医療型施設と，規定上その必要を要しない福祉型施設とに大別することができる．

児童福祉施設としては，「児童福祉法」で，助産施設，乳児院，母子生活支援施設，保育所，児童厚生施設（児童遊園・児童館等），児童養護施設，障害児入所施設，児童発達支援センター，情緒障害児短期治療施設，児童自立支援施設，児童家庭支援センターがあげられている．設置主体は国，都道府県，市町村，社会福祉法人等である．

今回は乳児院，母子生活支援施設，児童養護施設，障害児入所施設，情緒障害児短期治療施設，児童自立支援施設を取り上げる．

1　乳児院

「児童福祉法」第37条「乳児院は，乳児（保健上，安定した生活環境の確保

その他の理由により特に必要のある場合には，幼児を含む.）を入院させて，これを養育し，あわせて退院したものについて相談その他の援助を行うことを目的とする施設」と規定されている．

　乳児院の職員は，小児科の診療に相当の経験を有する医師または嘱託医，看護師，個別対応職員，家庭支援専門相談員，栄養士および調理員を置かなければならない．また，心理療法を行う必要のある乳幼児またはその保護者10人以上に心理療法を行う場合には，心理療法担当職員を置かなければならない．看護師の数は，乳児および満2歳に満たない幼児おおむね1.6人につき1人以上，満2歳以上満3歳に満たない幼児おおむね2人につき1人以上，満3歳以上の幼児おおむね4人につき1人以上（これらの合計数が7人未満であるときは，7人以上）とする．看護師は，保育士または児童指導員（児童の生活指導を行う者をいう．以下同じ）をもってこれに代えることができる．ただし，乳幼児10人の乳児院には2人以上，乳幼児が10人を超える場合は，おおむね10人増すごとに1人以上看護師を置かなければならない．

　乳児院は原則として乳児（1歳未満）を入所させて24時間365日養育する施設である．実際には2歳あるいは3歳まで入所させているケースも多くみられる．

　入所している子どもたちについては，病虚弱児，障がい児（知的障がいを含む）が多いという特徴がある．子どもたちの中には，未熟児として生まれた子どもであったり，肝炎などの感染症疾患を有していたりアレルギーがあったり，重度の障がいがあったりする．

　子どもたちの入所理由としては，母親の疾病，虐待，父母就労（借金・貧困），父母の怠惰（ネグレクト），未婚・婚外出産，受刑，養育拒否，次子出産，児童自身の障がい，父・母の家出，離婚・別居，などが主なものである．

　乳児院に入所している子どもには，保護者のいない，あるいは保護者が不明の子どもは少なく，保護者がいる子どもがほとんどであり，家庭へ引き取られることも多い．

2 母子生活支援施設

「児童福祉法」第38条「母子生活支援施設は，配偶者のない女子又はこれに準ずる事情にある女子及びその者の監護すべき児童を入所させて，これらの者を保護するとともに，これらの者の自立の促進のためにその生活を支援し，あわせて退所した者について相談その他の援助を行うことを目的とする施設」と規定されている．施設を利用するためには，都道府県・市および福祉事務所を設置する町村が，配偶者のない女子またはこれに準ずる事情にある女子である保護者からの申込みにより保護を実施する．

母子生活支援施設は，1998（平成10）年の「児童福祉法」改正により，名称が「母子寮」から変更された．これは単に母子家庭に住居を提供し，保護するだけにとどまらず，母子家庭の自立に向けてその生活を支援していくように機能の強化が図られた．

母子生活支援施設の職員は，母子支援員（母子生活支援施設において母子の生活支援を行う者をいう．保育士，社会福祉士，精神保健福祉士など），嘱託医，少年を指導する職員および調理員またはこれに代わるべきものを置かなければならない．心理療法を行う必要があると認められる母子十人以上に心理療法を行う場合には，心理療法担当職員を置かなければならない．その他，配偶者から暴力を受けた等により個別に特別な支援を行う必要があると認められる母子に支援を行う場合は，個別対応職員を置かなければならない．

入所理由としては，夫などの暴力，児童虐待，家庭環境の不適切，母親の心身の不安定，住宅事情，経済事情などである．

3 児童養護施設

「児童福祉法」第41条「児童養護施設は，保護者のない児童（乳児を除く．ただし，安定した生活環境の確保その他の理由により特に必要のある場合には，乳児を含む．以下この条において同じ．），虐待されている児童その他環境上養護を要する児童を入所させて，これを養護し，あわせて退所した者に対する

相談その他の自立のための援助を行うことを目的とする施設」と規定されている．

　児童養護施設では，虐待など家庭環境上の理由により入所する児童の割合が増加している．そのため，従来の大規模集団による養育では限界があり，家庭的な環境の中できめ細かなケアを提供するため，小規模グループケアや地域小規模児童養護施設の計画的な整備が進められている．

　児童養護施設の職員は，児童指導員，嘱託医，保育士，個別対応職員，家庭支援専門相談員，栄養士および調理員，乳児が入所している場合は看護師，場合によって心理療法担当職員を置くことになっている．児童指導員および保育士の総数は，満2歳に満たない幼児おおむね1.6人につき1人以上，満2歳以上満3歳に満たない幼児おおむね2人につき1人以上，満3歳以上の幼児おおむね4人につき1人以上，少年おおむね5.5人につき1人以上と規定されている．児童養護施設に入所している子どもたちの年齢は2歳から18歳までとなっている（ただし何らかの理由で20歳まで在籍することは可能）．

　子どもたちの入所理由としては，父母の行方不明，父母の就労，父母の精神疾患，父母の虐待・酷使，父母の放任・怠惰，児童自身の障がいなどが主なものとなっている．

4　障害児入所施設

　「児童福祉法」第42条「障害児入所施設は，次の各号に掲げる区分に応じ，障害児を入所させて，当該各号に定める支援を行うことを目的とする施設とする．
一　福祉型障害児入所施設　保護，日常生活の指導及び独立自活に必要な知識技能の付与
二　医療型障害児入所施設　保護，日常生活の指導，独立自活に必要な知識技能の付与及び治療

　また，「児童福祉法」第7条第2項では「障害児入所支援とは，障害児入所施設に入所し，又は指定発達支援医療機関に入院する障害児に対して行わ

れる保護，日常生活の指導及び知識技能の付与並びに障害児入所施設に入所し，又は指定発達支援医療機関に入院する障害児のうち知的障害のある児童，肢体不自由のある児童又は重度の知的障害及び重度の肢体不自由が重複している児童（以下「重症心身障害児」という．）に対し行われる治療をいう」となっている．

福祉型障害児入所施設としては，既存の「知的障害児施設」，「第2種自閉症児施設」，「盲ろうあ児施設」，「肢体不自由児療護施設」が該当する．医療型障害児入所施設としては，既存の「第1種自閉症児施設」，「肢体不自由児施設」，「重症心身障害児施設」が該当する．これは医療の提供の有無によって分けられる．

5 情緒障害児短期治療施設

「児童福祉法」第43条の2「情緒障害児短期治療施設は，軽度の情緒障害を有する児童を，短期間，入所させ，又は保護者の下から通わせて，その情緒障害を治し，あわせて退所したものについて相談その他の援助を行うことを目的とする施設」と規定されている．入所期間は満20歳まで延長することができるようになっている．

情緒障がい児短期治療施設の職員は，医師，心理療法担当職員，児童指導員，保育士，看護師，栄養士，調理員，家庭支援専門相談員，個別対応職員などの職員が配置されている．

治療の対象となる子どもとして，非社会的行動（緘黙，不登校，引きこもりなど），反社会的行動（反抗，乱暴，盗みなど），神経症的習癖（チック，夜尿，拒食など）をもつ子どもになる．

施設の役割として，情緒障がいを治し，退所後社会生活を営むことができるように援助を行うこと．その他にも，保護者に児童の性質及び能力を説明すること，家族の状況に合わせた家庭環境の調整があげられる．

6　児童自立支援施設

「児童福祉法」第 44 条「児童自立支援施設は，不良行為をなし，又はなすおそれのある児童及び家庭環境その他の環境上の理由により生活指導等を要する児童を入所させ，又は保護者の下から通わせて，個々の児童の状況に応じて必要な指導を行い，その自立を支援し，あわせて退所した者について相談その他の援助を行うことを目的とする施設」と規定されている．

児童自立支援施設の職員は，児童自立支援専門員（児童自立支援施設において児童の自立支援を行う者をいう），児童生活支援員（児童自立支援施設において児童の生活支援を行う者をいう），嘱託医および精神科の診療に相当の経験を有する医師または嘱託医，個別対応職員，家庭支援専門相談員，栄養士ならびに調理員が配置されている．

対象の児童としては，虐待など不適切な養育が行われた家庭など様々な問題を抱える養育環境で育った子ども，基本的信頼関係が獲得できていない子ども，発達障がいやトラウマを抱える子どもなど，複雑で多様な問題を抱えている子どもになる．

児童自立支援施設は，1998（平成 10）年に「児童福祉法」が改正されたことで，名称が「教護院」から変更された．児童自立支援施設では，1 つの寮に夫婦の職員が住み込み，職員夫婦とともに子どもたちが 1 つ屋根の下で生活をする「小舎夫婦制」が採用されていたが，全国的に減少傾向にある．

参考文献
井村圭壯・相澤譲治編著『保育と社会的養護』学文社，2014 年
大竹智・山田利子編著『保育と社会的養護原理』みらい，2013 年
小池由佳・山縣文治編著『社会的養護』ミネルヴァ書房，2014 年
『新保育士養成講座』編纂委員会編『社会的養護』全国社会福祉協議会出版部，2013 年
田中康雄編著『児童生活臨床と社会的養護』金剛出版，2012 年
山縣文治・林浩康編著『よくわかる社会的養護』ミネルヴァ書房，2012 年

第 7 章　家庭養護と施設養護

第 1 節　児童養護の分類

1　児童養護の体系

　子どもの養護は，実親など，保護者が自身の家庭で子どもを育てる家庭養育と，保護者のない児童，被虐待児など家庭環境上養護を必要とする児童に対し，公的な責任として行う社会的養護に分けることができる．
　社会的養護は，家庭養育を補完・支援する役割（補完的養護・支援的養護）や家庭養育の代わりとなる役割（代替的養護），障がい児などに治療・訓練を行う役割（治療的養護）に分類される．
　その中でも，代替的養護は，狭義の社会的養護としてとらえられることもあり，自身の家庭で生活することができない子どもに対する養護体系の中心的存在である．
　代替的養護には，児童養護施設・乳児院のような施設養護，専門職員によって家庭的環境の中で養護を行う家庭的養護，里親制度などの家庭養護に分類される．

2　家庭養護の推進

　2014（平成 26）年 7 月内閣府告示「教育・保育及び地域子ども・子育て支援事業の提供体制の整備並びに子ども・子育て支援給付及び地域子ども・子育て支援事業の円滑な実施を確保するための基本的な指針」において，社会的養護体制の充実として，次のように示された．「社会的養護は，できる限

第7章　家庭養護と施設養護

図 7-1　児童養護の体系

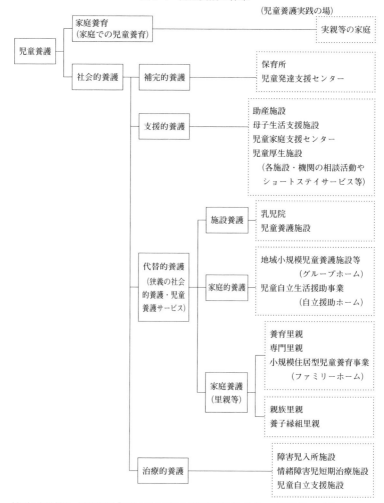

（出所：伊達悦子・辰巳隆編『保育士をめざす人の社会的養護』みらい，2012年，p.62）

り家庭的な養育環境で行われることを目指し，原則として家庭養護（里親及び小規模住居型児童養育事業（ファミリーホーム）における養護をいう．）を優先するとともに，施設養護（児童養護施設，乳児院等における養護をいう．）もできる限り家庭的養育環境の形態としていく必要がある」[1]．このように，社会的養護の体制は，家庭養護の推進がなされている．

第2節　家庭養護

1　里親制度

里親は，「児童福祉法」第6条の4により，次のように規定される．「里親とは，養育里親及び厚生労働省令で定める人数以下の要保護児童を養育することを希望する者であって，養子縁組によって養親となることを希望するものその他のこれに類する者として厚生労働省令で定めるもののうち，都道府県知事が第27条第1項第3号の規定により児童を委託する者として適当と認められるものをいう」．

里親制度は，何らかの事情により家庭での養育が困難又は受けられなくなった子ども等に，温かい愛情と正しい理解を持った家庭環境の下での養育を提供する制度である．家庭での生活を通じて，子どもが成長する上で極めて重要な特定の大人との愛着関係の中で養育を行うことにより，子どもの健全な育成を図る有意義な制度であるとされている．

(1)　里親委託優先の原則

里親委託ガイドラインには「保護者による養育が不十分又は養育を受けることが望めない社会的養護のすべての子どもの代替的養護は，家庭的養護が望ましく，里親委託を優先して検討することを原則とするべきである」[2] とされている．

里親家庭に委託することにより，子どもの成長や発達にとって，①特定の

大人との愛着関係の下で養育されることにより，自己の存在を受け入れられているという安心感の中で，自己肯定感を育むとともに，人との関係において不可欠な，基本的信頼感を獲得することができる，②里親家庭において，適切な家庭生活を体験する中で，家族それぞれのライフサイクルにおけるありようを学び，将来，家庭生活を築く上でのモデルとすることが期待できる，③家庭生活の中で人との適切な関係の取り方を学び，身近な地域社会の中で，必要な社会性を養うとともに，豊かな生活経験を通じて生活技術を獲得することができる，というような効果が期待できる．

(2) 里親家庭への支援

里親に委託される子どもは，虐待など様々な背景を持つとともに，「中途からの養育」であるため，里親が養育に悩むことが多い．そのため，里親支援の充実が図られている．

里親支援と里親委託を推進するために，里親の居住する市区町村や里親支援機関，児童家庭支援センター等と連携し，里親の資質の向上を図るための研修や，里親への相談支援，里親の相互交流等を行っている．里親支援機関は，里親会，児童家庭支援センター，里親支援専門相談員を置く施設，公益法人やNPOなどである．

(3) 里親の種類

里親の種類には，「養育里親」，「専門里親」，「養子縁組里親」，「親族里親」がある．

① 養育里親とは，都道府県知事が行う研修を修了する等の要件を満たし，養育里親名簿に登録された者で，保護者のない子どもまたは保護者に監護させることが不適当であると認められる子どもを養育する里親をいう．里親委託された後でも，子どもは実親との親子関係は継続されるため，定期的な面会や外出等の工夫や親子関係の再構築の支援を行うなど，親子関係が永続的なものになるように配慮することが必要になってくる．

② 専門里親とは，養育里親としての要保護児童の養育経験を有する等の要件を満たし，専門里親研修を修了した養育里親で，要保護児童のうち，児童虐待等の行為により心身に有害な影響を受けた子ども，非行等の問題を有する子どもおよび障がいがある子どもを養育する里親をいう．専門里親に委託される子どもは，様々な行動上の問題を起こすことがあり，児童相談所，施設や関係機関等と連携し，療育機関でのケアや治療を取り入れながら，委託された子どもと専門里親の調整を行い，きめ細やかな支援が必要である．

③ 養子縁組里親とは，養子縁組によって養親となることを希望し，養子縁組が可能な要保護児童を養育する養子縁組を前提とした里親をいう．養子縁組を希望する里親の場合，子どもとの適合を見るために面会や外出等交流を重ね，里親の家族を含め，新しい家族となることの意思を確認する．また，養子里親の年齢は，子どもが成人したときに概ね65歳以下となるような年齢が望ましいとされる．

④ 親族里親とは，要保護児童の扶養義務者（「民法」第877条第1項に定める扶養義務者）およびその配偶者である親族であり，両親その他その子どもを現に監護するものが死亡，行方不明，拘禁，疾病による入院等の状態となった子どもを養育する里親をいう．親族里親にも，子どもの養育費用（一般生活費，教育費等）が支給されている．民法で定める3親等内の親族のうちでも，扶養義務がないおじ，おばについては，里親研修の受講を要件とした上で里親手当を支給し，児童の引き受けを促すとされている．

2　小規模住居型児童養育事業（ファミリーホーム）

小規模住居型児童養育事業は，「養育者の家庭に児童を迎え入れて養育を行う家庭養護の一環として，保護者のない児童又は保護者に監護させることが不適当であると認められる児童に対し，この事業を行う住居（ファミリーホーム）において，児童間の相互作用を活かしつつ，児童の自主性を尊重し，基本的な生活習慣を確立するとともに，豊かな人間性及び社会性を養い，児

童の自立を支援することを目的とする．ファミリーホームの委託児童の定員は，5人又は6人とする」3)とされる．

養育者は，「夫婦である2名の養育者＋補助者1名以上」または「養育者1名＋補助者2名以上」とし，養育者はファミリーホームに生活の拠点を置く者でなければならないとされている．さらに，養育者の要件は，養育里親の経験者の他，乳児院，児童養護施設などでの養育の経験がある者などである．

3　里親等委託率の状況

欧米主要国では，概ね半数以上が里親委託であるのに対し，日本では，施設：里親の比率が9：1となっており，施設養護への依存が高い現状にある．そのため，今後，施設の本体施設，グループホーム，里親等の割合を3分の1ずつにしていく目標が掲げられている．具体的には，里親等委託率は，2002（平成14）年の7.4％から，2014（平成26）年3月末には15.6％に上昇した．少子化社会対策大綱（平成27年3月閣議決定）において，家庭養護の推進を図るため，ファミリーホームを含めた里親等委託率を2019（平成31）年度までに22％に引き上げる目標とされている．

第3節　施設養護と家庭的養護

1　施設の小規模化と家庭的養護の推進

すべての子どもは，適切な養育環境で，安心して自分をゆだねられる養育者によって，一人ひとりの個別的な状況が十分に考慮されながら養育されるべきである．そのために，「児童養護施設，乳児院等の施設養護は，できる限り小規模で家庭的な養育環境（小規模グループケア，グループホーム）の形態に変えていくことが必要である」4)とされている．具体的には，児童養護施設の場合，本体施設の全部を小規模グループケア化し，本体施設の定員を

45 人以下にしていくとともに，グループホームやファミリーホーム，里親支援を推進していくこととなる．

2 施設養護

(1) 児童養護施設

児童養護施設は，「児童福祉法」第 41 条の規定に基づき，保護者のいない児童，虐待されている児童その他環境上養護を要する児童を入所させて，これを養護し，あわせて退所した者に対する相談その他の自立のための援助を行うことを目的とする施設である．

児童養護施設入所児童等調査結果（平成 25 年 2 月 1 日現在）によると，児童養護施設入所児の養護問題発生理由の主なものは，虐待（放任・怠惰，虐待・酷使，棄児，養育拒否）が 37.9％，（父・母の）精神疾患等 12.3％，破産等の経済的理由 5.9％，（父・母の）就労 5.8％，（父・母の）拘禁 4.9％となっている．また，入所児童の被虐待経験の割合は 59.5％．さらに，障がい等（身体障がい・知的障がい・発達障がい等）がある児童の割合が 28.5％であった．調査結果のとおり，児童養護施設入所児は，様々な家庭環境や課題を抱えている．そのような子どもたちを，日々の生活を通じて，いかに養護し自立を支援していくかが，児童養護施設の役割といえる．

(2) 乳児院

乳児院は，「児童福祉法」第 37 条の規定に基づき，乳児（保健上，安定した生活環境の確保その他の理由により特に必要のある場合には，幼児を含む）を入院させて，これを養育し，あわせて退院した者について相談その他の援助を行うことを目的とする施設である．また，地域の住民に対して，児童の養育に関する相談に応じ，助言を行うよう努める役割も持つ（「児童福祉法」第 48 条の 2）．

児童養護施設入所児童等調査結果（平成 25 年 2 月 1 日現在）によると，乳児院入所児の養護問題発生理由の主なものは，虐待（放任・怠惰，虐待・酷使，

棄児，養育拒否）が27.1％，（父・母の）精神疾患等22.2％，両親の未婚6.2％，破産等の経済的理由4.6％，（父・母の）拘禁4.4％となっている．また，入所児の被虐待経験の割合は35.5％であった．さらに，障がい等（身体障がい・知的障がい・発達障がい等）がある入所児の割合が28.2％となっており，入所当初から心身に何らかの問題を抱えている場合が多い．発達上困難を抱える子どもは，「育てにくさ」という養育上の課題をもち，手厚いかかわりが必要となる．

3　家庭的養護

（1）　小規模グループケア

小規模グループケアは，1グループの児童定員が6人から8人で，これを生活単位（ユニット）とするもので，1人部屋または2人部屋の居室と，居間，キッチン，浴室，洗濯機，トイレなどの家庭的な設備を設けるとともに，グループ担当の職員を置く．本体施設内にいくつかのユニットが集まって設けられる形態であり，家庭的な環境をつくることができる一方，個々のユニットが孤立化せず，施設全体での運営管理が行いやすいメリットがあるため，特別なケアが必要な子どもを入所させやすい．

（2）　地域小規模児童養護施設（グループホーム）

地域小規模児童養護施設（グループホーム）は，地域社会の民間住宅等を活用して近隣住民との適切な関係を保持しつつ，家庭的な環境の中で養護を実施することにより，子どもの社会的自立の促進に寄与することを目的とする．1ホームの児童定員は6人で，職員は3人以上置くこととされている．

（3）　自立援助ホーム

「児童福祉法」第6条の3第1項で規定される児童自立生活援助事業である．児童自立生活援助事業は，児童の自立支援を図る観点から，義務教育終了後，児童養護施設，児童自立支援施設等を退所し，就職する児童等に対し，

これらの者が共同生活を営むべき住居（自立援助ホーム）において，相談その他の日常生活上の援助及び生活指導並びに就業の支援を行い，あわせて援助の実施を解除された者への相談その他の援助を行うことにより，社会的自立の促進に寄与することを目的とする．入所児童の定員は，5人以上20人以下である．

注
1) 内閣府『教育・保育及び地域子ども・子育て支援事業の提供体制の整備並びに子ども・子育て支援給付及び地域子ども・子育て支援事業の円滑な実施を確保するための基本的な指針』2014年，p. 33
2) 厚生労働省『里親委託ガイドライン』2012年，p. 2
3) 厚生労働省『小規模住居型児童養育事業（ファミリーホーム）実施要項』2012年，p. 2
4) 厚生労働省『児童養護施設等の小規模化及び家庭的養護の推進のために――社会保障審議会児童部会社会的養護専門委員会とりまとめ（平成24年10月）』2012年，p. 3

参考文献
櫻井奈津子編『社会的養護の原理』青踏社，2011年
伊達悦子・辰巳隆編『保育士をめざす人の社会的養護』みらい，2012年

第8章　社会的養護の専門職

第1節　専門職による支援

1　専門性

　社会的養護を担う専門職は乳児院，児童養護施設といった児童福祉施設において入所児童の生活支援を担っている．中でも，保育士や児童指導員は直接処遇職員として児童の生活全般に渡る支援を行っている．こうした直接処遇職員による支援の専門性は，児童の生活の質を直接的に左右することになるため，常に向上させるよう努めなければならない．

　また，近年では虐待を受けたことによる身体的・心理的ダメージを負った児童のケアも重要な役割である．虐待の経験によって他者への不信感や，攻撃行動といった問題を抱える児童も多く，彼らに対する心のケアは必要不可欠なものである．つまり，現在の社会的養護が果たす役割は，かつての衣食住を保証するだけでは不十分となっている．

2　専門職の支援

　専門職が実施する具体的な支援は以下の4つの段階で展開される．

（1）　アドミッションケア

　施設への入所が決定した段階で開始される最初の支援である．入所の背景には様々な理由があるものの，家庭から離れて施設という新しい環境で生活を送ることになった児童の不安を和らげ，施設生活が円滑に始められるよう

にする支援である．

（2） インケア

　日々の生活場面を通して展開されていく．単なる家事や育児として行うのでは不十分で，衣食住の提供は当然のこととしながら，児童と職員との愛着形成や信頼関係を形成するための基盤となる生活支援である．職員は児童と生活をともにすることを通して，児童に必要かつ専門的な支援を展開していく．

（3） リービングケア

　施設を退所し，児童が自立する際や，家庭復帰する際に行われる支援である．新しい生活を円滑に始められるよう炊事・洗濯や金銭管理といった児童自身による生活の組み立てと生活の維持に向けた身辺自立の技術習得を支援する．また，家庭復帰の場合では家庭での生活が問題なく再開できるような支援をしていく．言い換えれば，社会的養護としての支援を終結させるための支援である．

（4） アフターケア

　施設を退所し，児童が自立した後の支援である．施設を退所し新しい生活環境に適応するためには，定期的な支援が必要である．特に，虐待などによって他者に不信感を持っている児童は退所後の新しい人間関係において問題が生じやすく，職員による定期的・継続的な関わりによる支援が必要である．

第2節　社会的養護の専門職

　児童に支援を行う専門職は，「児童福祉施設の設備及び運営に関する基準」によって配置する職種が定められている．また，職員は児童の生活を支援する直接処遇職員と，施設の運営や限定的な支援を行う間接処遇職員に分

けられる．

1　直接処遇職員

(1)　保育士（乳児院・児童養護施設・情緒障害児短期治療施設）

　かつては児童の生活として衣食住に関する支援を担ってきた．主に家庭における母親役として位置づけられ，ケアワーカーとしての役割を担う専門職である．しかし，愛着形成や心のケアといった役割が拡大する中で，一貫した支援の必要性から児童指導員が担っていた関係機関や家族との連絡調整といったソーシャルワークとしての専門性が必要となっている．

(2)　児童指導員（乳児院・児童養護施設・情緒障害児短期治療施設）

　施設において，児童の生活全般に関わる職員である．かつては，児童相談所や学校などの関係機関や家族との連絡調整，アフターケアやリービングケアといった自立支援を担っていた．つまり，児童に対するソーシャルワーカーとしての役割を担う専門職であったが，保育士の役割の拡大から，両者の専門性と役割の差は縮小している．

(3)　個別対応職員（乳児院・児童養護施設・情緒障害児短期治療施設・児童自立支援施設）

　集団の中での関わりが難しい児童，特に虐待を受けて入所してきた児童に対し，1対1で対応することで支援の充実を図るための職員である．虐待を受けた児童の多くは，児童対児童や児童対職員といった対人関係において問題を生じやすい．そのため，集団の中で関わるよりも個別に対応する方が児童も安定しやすいことから，生活場面での個別対応や個別面談を専門とし，また家族に対する支援も行っている．

(4) 家庭支援専門相談員（乳児院・児童養護施設・情緒障害児短期治療施設・児童自立支援施設）

施設に入所している児童の保護者などに対し，児童相談所との連携をもとに支援を行う職員である．入所の背景には虐待などの家庭環境上の問題が挙げられるが，親子関係の再構築が図られるよう早期の家庭復帰や，里親委託を目指した支援を行っている．

そのため，高い専門性が必要となることから，社会福祉士や精神保健福祉士の資格を有するか，児童養護施設などでの勤務経験を5年以上有することと定められている．

(5) 心理療法担当職員（全施設）

虐待などによって心にダメージを受けた児童や母子に対して，遊戯療法，カウンセリングなどの心理療法を用いてダメージからの回復と，自立に向けた支援を行う職員である．また，職員への助言および指導といった役割も担っている．

心理療法担当職員を配置する施設は，心理療法を必要とする児童や保護者が10人以上，児童自立支援施設では心理学を専攻する大学院への入学を認められた者で，個人・集団心理療法の技術を有し，心理療法に関する1年以上の経験を有するものと定められている．

(6) 児童自立支援専門員（児童自立支援施設）

不良行為やそのおそれのある児童に対する支援を専門とする職員である．入所している児童の多くは，大人や社会に対して少なからず不満や不信感を抱いており，一方では愛情を欲している．そのため，施設では児童とともに生活をしながら，自立に向けた教育や職業指導などを行い退所後の集団生活に適応できるように父親的な役割の支援を担っている．また，他機関との連絡調整といった役割も担う．

(7) 児童生活支援員（児童自立支援施設）

児童自立支援専門員に対し，児童生活支援員は母親的な役割を担う．主には生活の全般にわたって家庭的な雰囲気の中で信頼関係を築きながら支援を展開していく．特に，児童自立支援施設に入所する児童の多くが一般的な常識・マナーなどの知識が不十分であることから，こうした点への支援も重要な役割となる．

(8) 母子支援員（母子生活支援施設）

18歳未満の児童を持つ母親に対し，自立に向けた支援を行う．DVなどの問題を抱えた母親とその児童が自立するためには，就労と収入といった生活基盤が必要であり，一方では司法手続きや生活保護といった手続きも必要となってくる．こうした自立に向けて様々な支援を担っている．また，DVの被害は母親だけでなく，児童にも深刻な影響を与えているため，心理的なケアとしての支援も担っている．

2　間接処遇職員

(1)　施設長（全施設）

施設運営の責任を担うとともに，支援の質が向上するための取り組みを実施する役割を担っている．施設長のリーダーシップが発揮されることで，職員の専門性が向上することから，児童に対して間接的な立場にある．

施設長の要件としては，人格が高潔で識見が高く，施設を適切に運営する能力を有し，厚生労働大臣が指定する研修を受けるとともに，施設での勤務経験が3年以上必要である．さらに，2年に1回以上の研修も義務づけられている．また，児童自立支援では，児童自立支援専門員養成所が行う研修を受けた者で，児童自立支援専門員として5年以上（児童自立支援専門員の講習課程を修了した場合は3年以上）の勤務経験が必要である．

(2) 嘱託医（全施設）

日常生活における怪我や病気の対応に加え，虐待などによる傷に対応するために配置されている．

(3) 看護師（乳児院・児童養護施設・情緒障害児短期治療施設）

乳児院では保育士・児童指導員の配置は看護師に替えて配置することが可能と規定されており，乳児への支援においては急激な体調の変化など健康面から重要な役割を担っている．

(4) 栄養士（乳児院・児童養護施設・情緒障害児短期治療施設・児童自立支援施設）

児童の成長発達に欠かせない栄養面からの支援を行っている．主には日々の献立やアレルギーへの対応を担っている．

(5) 調理員（全施設）

栄養士の立てた献立に基づいて食事を作る．ただし，単に献立通りに作るのではなく，児童の状況に合わせて食材の大きさや調理方法などを工夫している．

第3節　専門職の課題

1　専門性の向上

「児童福祉施設の設備及び運営に関する基準」では，施設の専門職の一般的要件として健全な心身を有し，豊かな人間性と倫理観を備え，児童福祉に熱意のある者でなければならないとしている．さらに，理論および実際について訓練を受けた者であることも求めている．

また，常に自己研鑽に励み，施設の目的を達成するために必要な知識・技

能の修得と維持，向上に努めなければならないとしている．そのため，施設に対しては職員の専門性を向上させるための研修の機会を確保しなければならないとされている．

しかし，現状は限られた職員による交代制の勤務形態であるため，研修などによって職員が不在となれば，児童の支援そのものに直接影響が出てしまう．つまり，専門性の向上が課題となりながらも，研修の機会を活かすことができない状況にある．

さらに，職員の知識・技術を評価する方法も無ければ，その仕組みも確立されてはいない．そのため，社会的養護における専門性は職員それぞれの知識・技術に頼るしかなく，それらを向上させるためには職員の意識に委ねるしかないのが現状といえる．

2　家庭的養護の推進に向けて

家庭的養護を推進するために施設でも，家庭的な養育環境が整えられようとしている．施設養護においても，養育単位の小規模化が進められているが，家庭的な環境と家事労働が混同されている実態がある．一方では虐待を受けた入所児童が増加する中で支援はより困難になりつつある．

そのため，社会的養護の専門職にはより高度な知識と技術が必要不可欠である．専門職が行う支援は，家庭に恵まれない児童に対する家事労働の代わりではなく，専門的知識・技術を駆使した支援という名の高度な養育行為でなければならない．

参考文献
伊藤悦子・辰巳隆編『保育士をめざす人の社会的養護』みらい，2012年
伊藤嘉余子『児童養護施設におけるレジデンシャルワーク』明石書店，2007年
中山正雄『実践から学ぶ社会的養護——児童養護の原理』保育出版社，2012年
北川清一編『児童福祉施設と実践方法——養護原理とソーシャルワーク』中央法規，2005年

第9章　施設養護の基本原理

第1節　施設における人権の擁護

1　施設における寮舎の人員の小規模化

　子どもは健全で愛情があふれる親子関係のもと，家庭で養育を受けることが望ましい姿である．しかし，親から虐待を受けていたり，在宅ではケアが難しい障がいを抱えているなど，社会的養護のニーズがある子どもを対象に，子どもの人権を守り，健康で文化的な生活を保障するために家庭に代わり生活の場を提供するのが施設での養護である．

　今日の日本における施設の運営形態は，大舎制から小舎制へと大きく流れが変わってきている．厚生労働省が発表している「社会的養護の現状について」によると，社会的養護の対象である児童の多くが入所している児童養護施設では，大舎制の形態で運営している施設が2008（平成20）年では約76％であったのに対して，2012（平成24）年には約51％にまで減少している．これに対して小舎制の形態をとっている施設は2008（平成20）年の約23％に対し，2012（平成24）年には約41％にまで増加している[1]．このことからも，近年，児童養護施設の小規模化が進んできていることが分かる．

　他の児童福祉施設においても，これまで主流であった大人数での養護ではなく，より家庭的な雰囲気のもとで，施設を利用する一人ひとりに職員の目が行き届く環境での養護が望ましい姿であるとして，国の方針のもと施設養護の小規模化が進められている．

　施設における寮舎の人員の小規模化とは，子ども一人ひとりの人権を尊重

していこうとする取り組みである．

2　施設養護における人権の尊重

　人権とは，人間として生まれながらに持っている社会的権利のことをいう．それは子どもであっても尊重されなければならない権利として，日本国憲法において保障されている．また，「児童福祉法」第1条第2項では「すべて児童は，ひとしくその生活を保障され，愛護されなければならない」と規定されている．子どもは大人の所有物や，支配下におかれ抑圧される存在ではなく，人間としての基本的な権利を保障された存在でなければならない．

　施設養護の場においても特に配慮されなければならないことは，子どもの「人権の尊重」である．虐待を受けるなど，親の不適切な養育が理由で施設に入所する子どもは，人間が生きるための最低限の権利さえ享受できずに入所するケースが多くある．こうした子どもたちに対して，失われていた人権の回復と，生存・発達の保障，社会参加という基本的な権利を保障することは，施設養護に求められる重要な役割である．

3　施設養護における個別化の原理

　前項であげた子どもの人権を尊重するために必要なことは，一人ひとりが異なった人間として存在しているという認識である．これを「個別化の原理」という．同じ「虐待」の被害を受けている子どもの事例であっても，その子どもや家庭のおかれている状況，虐待の程度や背景，子どもが育ってきた環境は一人ひとり異なる．支援者は先入観を持って対応するのではなく，個々の子どもや家庭の状況に応じた柔軟な対応が求められる．

　例えば親からの虐待により施設に入所した子どものケースを考えてみよう．
　ある子どもは，虐待を受けた親から離れて施設に入所したことで安心感をもって施設の生活にスムーズに溶け込むかもしれない．しかし，別のある子どもは親から引き離されたことで不安を覚え，施設に入所後に不安定な精神状態になるケースがある．たとえ虐待をする親であっても，親の元で生活を

希望する子どもがいるケースもある．そのときに支援者はその子どもの気持ちを否定するのではなく，子どもの気持ちを受け止めたうえで，その子どもの最善の利益に資するよう導いていく配慮が求められる．支援者である職員が導きたい方向性があったとしても，それが対象の子どもや家族の想いと相反する場合は，施設の職員は「支援者」であるという立場を自覚し，施設を利用する子どもや家族の主体性や個性を大切にする姿勢が望まれる．こうした対応の根底にある考え方は施設養護における個別化の原理であり，主体はあくまでも利用者にあるという考え方に基づいている．施設の職員と施設を利用している子どもとの関係性は相互の強い信頼感のもと，個別的なものでなければならない．

第2節　施設養護におけるグループ・ダイナミクス（集団力学）の活用と社会参加

1　施設におけるグループ・ダイナミクス（集団力学）の活用

　前節では，施設における利用者の個別化の重要性について述べた．数十人，場合によっては100人以上で生活する施設での養護においては，施設職員の目が子どもへ十分に行き届かず，施設を利用する者は疎外感を抱きかねない．とりわけ年齢が低い子どもへの影響としては，大人数で長期間の施設での生活を送るにともない，「ホスピタリズム」の症状を起こすことが問題視されている．こうしたことを予防するためにも家庭的な雰囲気のもと，少人数での施設運営が目指されているのである．

　一方，施設は集団生活を行う場でもあり，お互いに協力して生活を行う中で社会性を身につけることは施設で生活する子どもたちの成長にとって大切である．その際に「グループ・ダイナミクス（group dynamics）」の考え方を上手に活用することが有効である．グループ・ダイナミクスとは，一般的に「集団力学」と訳されており，ある特定の集団内における集団の意思は，個人の意思よりも優先される傾向があり，個人は自分の属する集団の意思に影

響を受けるという考え方である．

　施設は集団生活の場であり，ひとくちに児童養護施設といっても，それぞれの施設で雰囲気は異なる．その施設の利用者全体の意思が集団生活を営むことに協力的であれば，そこで生活する個人も正の効果で良い影響を受ける．一方，集団の意思が非協力的で排他的な要素が含まれている場合，そこで生活する個人も負の影響を受け，施設の生活が積極的なものではなくなる．

　施設の職員は，施設の雰囲気は利用者一人ひとりが作り出しているという認識のもと，利用者個々がおかれている状況を正確に把握するとともに，利用者同士の関係性および利用者と職員との良好な関係性を築くように配慮し施設を運営していくことが重要である．施設を利用する子どもの個別化と，グループ・ダイナミクスの活用という一見，相反する考え方をバランスよく適応させていく力が支援者には必要である．

2　地域社会との連携による社会参加

　「児童福祉法」第45条の2では，児童養護施設の施設長に施設の子どもの自立支援計画の策定が義務づけられている．

　子どもは入所した施設で生涯にわたり生活を行うのではなく，原則として18歳に達したのち，施設を退所し社会で自立して生活をしていかなければならない．しかし，施設での生活と，社会での生活の乖離に悩む者も少なくはない．それを防ぐためには，施設にいる間から社会へ出るための準備を行っていくことが重要である．今日，多くの施設は地域社会との連携が希薄な状態となっているが，施設の側から地域へ積極的に働きかけ，町内活動へ施設で暮らす子どもたちが参加するといった取り組みを行っている施設もある．

　施設へは親から虐待を受け入所する子どもが増加しているが，こうした子どもは，人間に対する基本的信頼感が乏しいといわれている．地域活動への参加と，そこでの人とのつながりを通して人間への信頼感を実感できる体験が，社会に出てからの生活にスムーズに溶け込むための支えになるだろう．そして，ここでもグループ・ダイナミクスの考え方を援用し，施設を運営す

る際に，施設で暮らす子どもたち全体が社会での生活に希望を持ち，社会へ出るための準備を行っていこうとする雰囲気を醸成することにより，個々の子どもたちもそれに影響を受け，スムーズに社会生活への移行を果たし自立を促すことが期待できる．そのためには，今まで以上に施設が地域と協働し，地域住民を巻き込んだ活動を行うことが今後の課題として求められる．

第3節　施設養護における親子関係の調整

1　施設を利用する親子の心のケア

　施設への入所理由として近年とりわけ増加しているのが，親からの虐待が原因による施設への入所である．入所型の施設の場合，多くの子どもたちは親と離れて生活をしている．子どもの心身の成長にとっては，健全な親子関係のもとで育つことが望ましいわけであり，たとえ虐待等により，いったんは親子を引き離すことになった場合においても，再度，子どもが家庭に帰ることができるように調整を行っていくことが求められる．

　その際に支援を行う必要があるのは，虐待を受けた子どものみならず，虐待を行っている親本人へのケアも重要である．虐待の場合，親自身が子どものときに虐待を受けていたというケースが多く，親となったときに子どもにも同様の虐待を行うといった「虐待の世代間連鎖」の事例が多く見受けられる．虐待を受けた子どもは親に対して素直な気持ちを言えるような状況にはなく，そのような状況で親子関係はますます悪化し，問題が深刻化していくのである．

　こうした負の悪循環を断ち切るためには，他の専門機関とも連携し，まず親自身の心のケアを行うことが求められる．その際に大切なことは，虐待など親自身が行っている負の行為を責めるのではなく，親自身が抱える苦しみや悲しみを受け止め，寄り添うことで親自らが自身の行動を振り返る機会を与えることが重要である．

2　親子関係調整のための専門家の支援

　施設を利用している親子関係を調整するために現在，児童福祉施設のうち，乳児院，児童養護施設，情緒障害児短期治療施設，児童自立支援施設には家庭支援専門相談員（ファミリーソーシャルワーカー）が配置されている．家庭支援専門相談員は，虐待等の家庭環境上の理由により入所している子どもの保護者等に対して，専門機関と連携し子どもの早期の家庭復帰や，里親への委託等を可能とするための相談援助を行い，施設に入所している子どもの早期の退所を促進し，親子関係の再構築を図ることを目的に配置されている．

　いずれの施設でも虐待を受けた経験がある子どもの入所が増加していることから，専門的知識に基づき，子どもの施設への入所から退所後のアフターケアに至るまで支援を行い，同時に親子関係の調整も行っている．家庭支援専門相談員の業務には子どもが家庭へ復帰した後の親子への相談指導が含まれており施設を退所した子どもとその保護者についても支援することとされている．また，家庭へ復帰するという選択肢ではなく，状況によっては子どもを里親へ委託することが選択される場合もある．

　どのような選択になるにせよ，子どもと，その親にとって最善の利益に資することができるよう配慮し支援を行っていくことが施設養護の基本原理である．

注
1) 厚生労働省『社会的養護の現状について』2015 年，p.2

参考文献
井村圭壯・相澤譲治編著『児童家庭福祉の理論と制度』勁草書房，2011 年
井村圭壯・相澤譲治編著『児童家庭福祉分析論——理論と制度を基盤として』学文社，2012 年
釘原直樹『グループ・ダイナミックス——集団と群集の心理学』有斐閣，2011 年
吉田道雄『人間理解のグループ・ダイナミックス』ナカニシヤ出版，2001 年

第10章　施設養護の実際

第1節　家庭に代わって子どもたちを育む施設養護

1　施設養護の概要

　施設養護とは，保護者の死亡や虐待などにより家庭で暮らすことができない子どもたちに対して，公的な責任として，入所型の児童福祉施設が，家庭に代わって養育を保障することである．2013（平成25）年3月現在，社会的養護の下で生活する約46,000人の子どもたちのうち，約9割が施設養護に委託されている．

　社会的養護における施設には，乳児院，児童養護施設，情緒障害児短期治療施設，児童自立支援施設，母子生活支援施設，自立援助ホームがあり，子どもたちの状況に応じて，それぞれの施設に入所する．施設養護の大きな役割は，入所してきた子どもたちの基本的生活を回復させて，適切な養育や教育を通して，自立支援していくことである．そして退所後は，それぞれの子どもの状況に応じて，家庭復帰，里親委託や他の施設に措置変更，または自立退所をすることになるが，退所後も相談に応じるなど，子どもたちの生涯を通して，切れ目ない支援が求められている．

2　社会的養護の施設

（1）　乳児院

　家庭で生活することが困難な乳児（特に必要な場合は，幼児を含む）を対象に，養育を行う．多くの児童に保護者がいることから，再び保護者との生活

ができるように支援していくことが基本であるが，期待できない場合は施設養護が長期化するおそれがあるので，里親委託や養子縁組などの支援を充実させていくことが求められている．厚生労働省「社会的養護の現状について」[1] 2014（平成26）年の調査によると，施設数は131か所，児童数は3,069人である．

(2) 児童養護施設

　保護者のない児童，虐待されている児童，その他の環境上養護を要する児童（特に必要のある場合は，乳児を含む）を対象に，安定した生活環境を整え，生活支援，進学・就労支援，家族への支援などを行い，児童の心身の健やかな成長と自立を支援する．同調査資料（以下，同じ）によると，施設数は595か所，児童数は28,831人である．

(3) 情緒障害児短期治療施設

　心理的・精神的問題を抱え，日常生活の多岐にわたり支障をきたしている児童を対象に，医療的な観点から生活支援を基盤とした心理治療を行う．また学校と連携を図りながら，総合的な治療・支援を行いつつ，家族の支援を行う．施設数は38か所，児童数は1,310人である．被虐待児の増加に伴い，施設数の増加が求められている．

(4) 児童自立支援施設

　不良行為をなし，またはなすおそれのある児童および家庭環境その他の環境上の理由により，生活指導を必要とする児童を対象に，指導，自立支援，そしてアフターケアなどの充実を図っている．施設数は58か所，児童数は1,544人である．虐待経験や障がいなどがある児童も多く，専門的ケアが必要とされている．

(5) 母子生活支援施設

経済的理由や DV 被害などにより，配偶者（この場合は夫）のない女子またはこれに準ずる事情にある女子およびその者の監護すべき児童を対象に，保護，自立支援，アフターケアなどを行っている．子どもと母親が一緒に入所生活をすることができて，ともに支援を受けることができる唯一の児童福祉施設である．施設数は 258 か所，児童数は 5,877 人（世帯数は，5,121）である．

(6) 自立援助ホーム

義務教育を終了した 20 歳未満の者であって，児童養護施設等を退所した者，または都道府県知事が必要と認めた者を対象とする事業である．自立援助ホームにおいて，共同生活を行い，相談，その他の日常生活上の援助，生活指導，就業支援などが行われている．施設数は 113 か所，児童数は 430 人である．

3 施設養護の現状

(1) 虐待経験のある子どもたちの増加

施設ケアを行う場合，子どもたちが保護される前にどのような生活をしていたのかを理解することは，とても重要である．近年は児童虐待の急増に伴い，虐待を経験している児童の入所が急増している．厚生労働省「児童養護施設入所児童等調査結果（平成 25 年 2 月 1 日現在）」[2] によると，乳児院（1,117 人），児童養護施設（17,850 人），情緒障害児短期治療施設（879 人），児童自立支援施設（977 人），母子生活支援施設（3,009 人）自立援助ホーム（247 人）とあるように，社会的養護の施設すべてに虐待経験のある児童が入所している．

虐待の種類別で見ると，児童養護施設や乳児院にはネグレクトを受けた子どもが多く，情緒障害児短期治療施設，児童自立支援施設には，身体的虐待が多い．また母子生活支援施設には心理的虐待が最も多い．そのため，虐待

による心身の傷を治療するために，精神的ケアや医療的ケアが必要な子どもが増えている．また，不適切な養育環境のもとで暮らしてきたことにより，生活習慣や対人関係が苦手な子どもが多く，児童相談所や医療機関，学校などと連携を取りながら，きめ細かな援助を進めていくことが必要である．

(2) 障がい等のある児童の増加

社会的養護の施設に，障がい等のある児童が増加している傾向にある．同調査によると，乳児院（889人），児童養護施設（8,558人），情緒障害児短期治療施設（900人），児童自立支援施設（780人），母子生活支援施設（1,056人）自立援助ホーム（139人）となっている．障がいの内訳は，「身体虚弱」，「肢体不自由」，「視覚障がい」，「言語障がい」，「知的障がい」，「てんかん」，「ADHD（注意欠陥・多動性障がい）」，「LD（学習障がい）」，「広汎性発達障がい」などである．また，障がいと認定されてはいないが，発達に遅れのある場合や，障がい等のある児童が，同時に虐待を受けている場合もある．やはり，児童相談所や医療機関，その他必要な機関と連携を図りながら子どもの理解に努め，適切な援助を行うことが重要である．

(3) 学習支援の必要な子どもたちの増加

入所前に，不安定な学習環境だったり，学校に通うことができていなかったりした場合がある．また入所後，転校を余儀なくされるので，学業に集中することができないことから，学習支援が必要になる．同調査によると，学習支援が必要な子どもたちは，児童養護施設（8,447人），情緒障害児短期治療施設（636人），児童自立支援施設（991人），母子生活支援施設（967人）となっている．

学習の遅れが学習意欲の低下や不登校につながりやすいため，早期に悪循環を断ち切り，好循環に転換するよう支援する．安定した生活環境を整えていきながら，学習時間を定めて，勉強の習慣づけや学習ボランティアを活用するなどして，学習支援体制をとる施設が増えている．

第2節　児童養護施設における保育実践

1　小規模化と家庭的養護の推進

　戦後，社会的養護の施設は，家庭で養育することが困難な子どもたちを受け入れ，様々な工夫や努力を積み重ねて養育支援を行ってきた．しかし今日，支援方法や内容に質的な差が生じてきていることから，施設養護の格差をなくし，平等に養育の機会をうけることにより，子どもたちの生活を保障していくために，厚生労働省は2011（平成23）年『社会的養護の課題と将来像』[3]をとりまとめ，2012（平成24）年に「施設運営指針及び里親等養育指針について」[4]を策定した．この指針が基準となって，現在，子どもたちの養育・支援，家族への援助，自立支援計画や記録が行われている．

　施設の中でも児童養護施設は全国に約600か所設置されており，約3万人の子どもたちが暮らしている．子どもたちの人格形成や施設退所後の人生を考えると，少人数，かつ家庭に近い養育環境を整える必要があることはいうまでもない．厚生労働省は，施設の小規模化と家庭的養護を推進する方向性を示し，グループホーム，小規模グループケア，ファミリーホーム，そして里親委託などが取り組まれている．

　社会的養護の施設全体に共通していることだが，児童養護施設においても，被虐待児や障がいを持った子どもたちが多く入所している．複雑な事情を抱えた子どもたちの養育において，より高度な専門性が求められるようになり，保育士や児童指導員，家庭支援専門相談員，里親支援専門員，心理療法担当職員，栄養士や調理員などの専門職がチームとなって，子どもたちの生活を支えている．保育士は他職種と連携しながら，子どもたちの養育・支援，家庭への支援，児童自立支援計画の作成や記録などの役割を担っている．

2　子どもたちの養育・支援

（1）こころとからだの安定に向けた治療的支援

　子どもたちは，虐待，親の離婚や病気，突然の災害や事故などを体験し，こころやからだに大きな傷を抱えて入所してくることが多い．家族，学校，住み慣れた家との別離体験は，大きな不安や緊張感を与える．心身の傷が癒える間もなく施設に入所し，見知らぬ地域で出会ったこともない人々との生活が始まる．子どもたちは，再び不安や緊張感を経験することになる．そのため，まずは，食事，睡眠，清潔などの日常生活を安心して送ることができるように，治療的な支援が行われる．

　子どもたちは日々の生活を送る過程で，心身の不調や対人関係のトラブル，学習不振などの不適切な出来事を起こすことがある．様々な不適切な出来事の背景には，被虐待経験や親との別離体験が根底にあり，深刻なこころの問題を抱えているケースが多い．子どもによってその表れ方は様々であり一律ではないが，情緒が不安定になると，安心して睡眠を十分とることができなくなる．すると朝起きることができず，食事が不規則になり，学校も休みがちになる．欠席が続けば学習が遅れがちになり，友達関係もうまくいかなくなってしまう．その結果，ますます情緒が不安定になるという悪循環が生じてしまう．

　大切なことは，子どもたちの引き起こす不適切な出来事を問題と捉えるのではなく，子どもたちの表出する感情や言動をしっかりと受け止め，苦しい体験を少しでも乗り越えていくことができるように，信頼関係を築きながら支援していくことである．ケース会議などで個々の子どもたちの情報共有を行い，子どもの将来をよく見据えて，不適切な出来事を通じて，問題の解決を図るチャンスとして，支援を行う．

（2）生活の安定を取り戻す日常生活支援

　治療的支援の必要な子どもたちに専門的ケアを確保しながら，日々の暮ら

第2節 児童養護施設における保育実践

表10-1 「日課表」の一例

時刻	6:00	8:00	10:00	12:00	14:00	16:00	18:00	20:00	22:00
日課	起床 朝の支度	登校		昼食		下校	学習 余暇 夕食 入浴	学習 余暇	就寝

出所）筆者作成

しの中で，やがて生活の悪循環から抜け出して，子どもたちのこころやからだが安定してくると，一人ひとりの持っている力が発揮できるようになる．

児童養護施設は，子どもたちにとって家庭に代わる生活の場である．決して特別なところではなく，職員が保護者に代わり，ふつうの家庭と同じように落ち着いた環境の中で，子どもたちの幸せと健全な発達を保障する場なのである．表10-1にあるように，子どもたちは朝起床し，身支度をして学校に登校する．学校が終わると下校し，放課後は学校のクラブ活動や地域のスポーツ活動に参加したり，友達と遊んだりすることもある．施設に帰り，おやつを食べて，宿題をしたり，テレビを見たり，お小遣いで文房具を買いに行くこともある．至極あたりまえの日常生活である．

施設やグループホームによって状況が異なるので，一律というわけにはいかないが，1日の大まかな流れを決めた日課表があり，子どもたちは，日々の暮らしの中で徐々に生活の安定を取り戻し，基本的生活習慣を習得する．

一方，子どもたちの日常生活支援を行う保育士や生活指導員は，子どもたちの日課にあわせて，職員が朝食の準備や，身支度・食事の補助を行う．医師から処方された薬がある子どもには，服薬管理も行う．幼稚園や学校へ送り出したあとは，朝食の片付け，ゴミ捨て，買い物などを行い，事務連絡や申し送りなどの打ち合わせや記録をつける．午後になり，順次帰ってきた，子どもたちを迎え入れ，学校からの手紙や連絡帳の確認を行い，おやつの準備や学習補助を行う．帰ってきたときの様子観察やコミュニケーションから，ちょっとした変化や気づきがある場合がある．夕食，入浴，就寝の準備や補助も同様に行われ，子どもたちの発達段階にあわせて，食事の準備や後片付けなどの役割分担をして，自分のことは自分でできるように促すことも必要である．年間行事などで，もちつきやクリスマスなどの季節行事や，夏休み

などには日帰りキャンプや旅行などが企画されることもある．お誕生日に手作りのケーキやメッセージカードを送るなど，毎日の生活を積み重ねる中で，子どもたちが落ち着きを取り戻し，好循環につながることを目指す．

(3) 退所に向けた自立支援

児童養護施設は，入所前から退所後の生活を視野に入れた子どもの人生を支える支援が継続されなければならない．厚生労働省の『子ども虐待対応の手引』によると，子どもの自立とは，①経済的職業的自立，②心理的社会的自立，③生活技術的自立等の側面があげられている[5]．具体的な児童養護施設の取り組みとして，生活指導（洗濯，掃除，食事等の日常的習慣の指導），学習指導（宿題の確認，テスト・受験対策，塾などを利用した学習指導，学習ボランティア），金銭的管理の意識づけ（預金通帳の自己管理，貯金，アルバイト，服や日用品の買い物），対人関係の支援（携帯電話の所有，敬語・丁寧語の指導，日常での礼儀作法）などが行われている[6]．食習慣や衣習慣の習得，居室の整理整頓，掃除の習慣，身体の自己管理，進学・就職支援，性についての正しい知識を得る機会などを通して，自立の準備を行う．

ただし，子どもたちの自立支援を考えるにあたり，他者の援助を受けないで，すべてを一人でできるように支援すればよいというわけではない．退所後の生活について 2010（平成 22）年に実施された『東京都における児童養護施設等退所者へのアンケート調査報告書』[7]によると，生活保護受給率が高く，経済的な困難をはじめ，退所後の孤独感や生活全般に対する不安をつのらせていることが明らかになった．

退所後，家庭復帰ではなく，ひとりで生きていく子どもにとって，毎日の生活の中で困難に直面したとき，できることは自分で行い，できないことは，声を出して誰かの助けを借りて問題解決を図っていくことを教えることも，生きていく上で非常に大切なことである．退所後のアフターケアの充実が強く求められる．

3 家族への支援

(1) 家族とのつながり

現在,児童養護施設で暮らす子どもの多くは,親や保護者がいながら,入所をしなければならないケースが増加している.家族とともに生活することは,子どもたちにとって最も尊重される権利である.実際に,家族と分離して生活する子どもたちの表出する感情や言動は様々だが,子どもたちは,父親や母親を求めている.

厚生労働省の「児童養護施設入所児童等調査結果(平成25年2月1日現在)」によると,児童養護施設における「家族との関係」は,「交流あり」が全体の8割を占めており,帰省,面会,電話・手紙連絡が行われている.また,「将来の希望」は,14歳以上の年長児童のうち,3人にひとりは,もとの家庭に帰ることを希望している.たとえ子どもが親から虐待を受けて一時的に親子分離をしたとしても,親子であることに変わりはなく,保護者が虐待の事実を認めた上で,再び子どもと一緒に生活することができるように,親との連絡や調整を行うことは重要なことである.

しかし,家庭復帰をすることが最も望ましいかというと,必ずしもそうとは言い切れない事例もある.親子が再び一緒に生活することにより,再び虐待が繰り返されて,子どもの福祉が大きく後退する場合があるからである.家庭復帰できない場合でも,「自分の親がどのような人か,どのような状況で自分は生まれたのか,親はどのような思いで自分を育て,そして別れなければならなかったのか,を知る必要がある.自立の過程の中で,ルーツを知り,親を認められるようになることは大切であろう.そのためにも,施設の側から親を切り捨てたりせずに,親と子どもの関係を見守っていく」[8]ことが求められる.

(2) 家庭に対する支援

家庭再構築に向けた取り組みをより重点的に行うために,平成11(1999)

年度から児童養護施設に心理療法担当職員が設置され，子どもや保護者に対して心理療法を行うようになった．平成16（2004）年度からは，子どもの家庭復帰を支援する専門職として，家庭支援専門相談員（ファミリー・ソーシャルワーカー）が配置されるようになった．そして保護者に対して，早期家庭復帰のための相談指導，家庭復帰後の相談指導が行われている．

また，厚生労働省は，児童虐待を行った保護者に対する教育や指導を充実させることを目的に「児童虐待を行った保護者に対するガイドライン」を作成した．それによると，保護者が面会，虐待の理解，生活の改善，養育方法などに関する指導を受けて問題が改善された場合は，援助が終結し，家庭復帰となるが，問題が改善されない場合や指導を受けない場合などは，援助の継続や他の措置を検討するなどの方向性が示されている．

4　自立支援計画と記録

(1)　アセスメントの実施と自立支援計画の策定

児童自立支援計画とは，子どもたちが自立して生きていくことができるように，保護者や児童相談所等からの情報をもとにアセスメントを行い，作成された計画である．

児童福祉施設最低基準（抄）第45条の2において，児童養護施設の長は，入所児童の自立を支援するために，自立支援計画を策定することが義務づけられている．児童養護施設運営指針によると，①子どもの心身の状況や，生活状況を正確に把握するために手順を定めてアセスメントを行い，子どもの個々の課題を具体的に明示すること，②アセスメントに基づいて子ども一人ひとりの自立支援計画を策定するための体制を確立し，実際に機能させること，③自立支援計画について，定期的に実施状況の振り返りや評価と計画の見直しを行う手順を施設として定め，実施することが示されている．

(2)　子どもの養育・支援に関する適切な記録

子どもの養育・支援や家族の支援に関して，入所からアフターケアまで，

継続して記録をすることが求められている．児童自立支援計画書以外にも，日々の様子が書かれた児童記録票，成長の記録などがある．児童養護施設運営指針によると，①子ども一人ひとりの養育・支援の実施状況を適切に記録する，②子どもや保護者に関する記録の管理について，規定を定めるなど管理体制を確立し，適切に管理を行う，③子どもや保護者等の状況に関する情報を職員が共有するための具体的な取り組みを行う，ことが示されている．

各職員が，子どもの様子や気づきを中立的に記録し，打ち合わせや引継ぎときに，お互いの記録について点検，意見交換をすることが望ましい．職員間での情報共有・他機関との共通理解を行う上では，「正確な情報をわかりやすい表記で伝える」ことが重要である．そして，作成された記録の管理については個人情報であることを十分配慮し，管理体制の下で保管される必要がある．

子どもたちにとって，記録は自分の生い立ちを知る非常に重要なものである．アルバムや作品なども含めて適切に管理し，必要に応じて開示および活用できるように保管することが求められる．

注
1) 厚生労働省『社会的養護の現状について（参考資料）』2014（平成26）年3月
2) 厚生労働省雇用均等・児童家庭局「児童養護施設入所児童等調査結果（平成25年2月1日現在）」2015（平成27）年1月
3) 児童養護施設等の社会的養護の課題に関する検討委員会・社会保障審議会児童部会社会的養護専門委員会『社会的養護の課題と将来像』2011（平成23）年7月
4) 厚生労働省雇用均等・児童家庭局通知「児童養護施設運営指針」2012（平成24）年3月
5) 恩賜財団母子愛育会日本子ども家庭総合研究所編『子ども虐待対応の手引』有斐閣，2014年
6) 長谷川眞人，吉村譲，吉村美由紀監修，NPO法人子どもサポートネットあいち『しあわせな明日を信じて2』福村出版，2012年，p.219-223
7) 東京都保健福祉局「東京都における児童養護施設等退所者へのアンケート調査報告書」2011（平成23）年8月
8) 村瀬嘉代子監修　高橋利一『子どもの福祉とこころ——児童養護施設におけ

る心理援助』新曜社，2012 年

参考文献
井村圭壯・相澤譲治編著『保育と社会的養護』学文社，2014 年
全国児童養護施設協議会（全養協）パンフレット「もっと，もっと知ってほしい児童養護施設」

第11章　施設養護とソーシャルワーク

第1節　施設養護とソーシャルワークの関連性

1　施設養護におけるソーシャルワークの視点・役割

(1)　ソーシャルワークの必要性

　施設で生活する子どもたちは，虐待体験や親との分離体験，友達や先生，自分の居場所等との別れの傷つき体験から，心の傷や深刻な生き辛さを抱えている．そのため，癒しや回復を目的とした専門的ケアや心理的ケアなどが必要となる．安心感の持てる場所で，大切にされる体験を積み重ね，信頼関係や自己肯定感を取り戻していけるように支援することが肝要である．

　そのために，職員は，温かみのあるスキンシップを重視し，子どもを信じて見守る姿勢を保ちながら，子どもが自ら判断し行動することを保障する．つまずきや失敗の体験をも糧とし，子どもが主体的に解決していくプロセスを通して，自己肯定感を形成し，自己の目標を目指して進めるよう養育・支援を行う[1]．

　このような複雑・重層化した背景を抱えた子どもを適切に理解し，その問題解決のプロセスにおいて，子どもの最善の利益を追求する支援を実現するために，ソーシャルワークが必要とされている．

(2)　ソーシャルワークとは何か

　国際ソーシャルワーカー連盟は，2014年7月に14年ぶりにソーシャルワークの世界的な定義（以下，グローバル定義）をつぎのように改定した[2]．

「ソーシャルワークは，社会変革と社会開発，社会的結束，および人々のエンパワメントと解放を促進する，実践に基づいた専門職であり学問である．社会正義，人権，集団的責任，および多様性尊重の諸原理は，ソーシャルワークの中核をなす．ソーシャルワークの理論，社会科学，人文学，および地域・民族固有の知を基盤として，ソーシャルワークは，生活課題に取り組みウェルビーイングを高めるよう，人々やさまざまな構造に働きかける．この定義は，各国および世界の各地域で展開してもよい」．

　グローバル定義とは，全世界のソーシャルワーカーが行動の指針とすべきものである．この中で，ソーシャルワーク専門職の中核となる任務について，問題を個人レベルの問題としてだけではなく，家族や小集団，共同体，社会レベルの問題として捉え，働きかけることが示されている．また，社会的な不平等や差別，搾取，抑圧といった構造的な条件の変革に取り組むこと．そして，このことを通して，人々がエンパワメント（問題解決能力を身につける等）され，社会的な抑圧から解放されることができるように支援することが重要であるとしている．つまり，今ある不平等等を訴えて，それを是正する役割を担う専門職といえる．施設養護で例えるならば，虐待等で苦しむ子どもの（安心して）生きる権利を守るために，個人レベルに働きかける場合と社会構造レベルに働きかける場合等があると考えられる．

　さらに，ソーシャルワーカーの大原則について，人権と社会正義を守り，支持すること，人権と集団的責任はともに存在するとされている．このことから，ソーシャルワークは，個人や集団等のあらゆるレベルにおいて，人々の権利を主張し，人々が互いに支え合い，人々と環境が依存し合う関係にあることを意識し，尊重するように促すことにある．つまり，施設養護においても，支援者は，一人ひとりを大切にするとともに，互いの存在を認め大切にすることを認識し，行動するように促していくことを重要視しているのである．

　これまで，ソーシャルワーク実践を支えてきた理論やスタイルがあり，それをモデルとして発展させてきた．ここでは，利用者理解の視点として，

「生活モデル」，エンパワメント実践における「ストレングスモデル」，「治療モデル」を紹介する．

まず，今日のソーシャルワークの大きな特徴は，人と環境は互いに関わりながら影響，変化していく関係にあるという相互作用に焦点を当てることを基盤としている．これを「生活モデル」という．

また，ソーシャルワーク専門職の中核となる任務の1つであるエンパワメント実践は，虐げられた人々の人間性を回復に向かわせ，抑圧され発揮できていない潜在的な能力を引き出し，社会を自ら変革する力を身につけるという概念である．個人や社会構造にも働きかけ，その変革を目指す考え方の1つであり，実践の総称である．

エンパワメント実践において重視される視点や考え方を「ストレングスモデル」という．ストレングスは，問題を抱えながらもこれまでやってこられた強さを評価し，個人の変化や成長への可能性を尊重していくものである．

こうした利用者の肯定的側面とは逆に，利用者の抱える問題やストレスといった否定的側面に着目する視点を「治療モデル」といい，ソーシャルワークの伝統的な視点の1つである．

紹介した3つのモデル（視点）を活用し，問題の全体像を捉えながら，利用者理解を深め，実践することがソーシャルワークの考え方及び視点に求められている．

2 施設養護に必要とされる援助技術

(1) 個人を援助する技術（ケースワーク）

施設におけるケースワークとは，職員が，子どもの人間関係，生育歴，生活，学習，就職，将来への不安などの問題について相談を受け，自立支援計画を基に，解決に向けてともに考え支えることで，情緒の安定した生活につなげるための援助の過程である．

職員が子どもとの信頼関係を築くために，援助者として取るべき基本的な姿勢，約束事が重要となるが，これをバイステック（Biestek, F. P.）の7原則

という[3]．

① 個別化の原則

他に変わりのいないかけがえのない個人として関わる．

② 意図的な感情表出の原則

利用者の感情表現を大切にして表現しやすいように支える．

③ 統制された情緒的関与の原則

援助者自身の個人的な感情を自覚しコントロールしながら，利用者に対応する．

④ 受容の原則

レッテルを貼られた利用者のレッテルをはがし，利用者のありのままを受け入れる．

⑤ 非審判的態度の原則

利用者の考えなどに対し，援助者自身の価値観等で善悪の評価をしない．

⑥ 自己決定の原則

利用者の自己決定権を尊重し，利用者自らが自分のことを決められるように関わる．

⑦ 秘密保持の原則

利用者の秘密を他者に話さない．

(2) 集団を援助する技術（グループワーク）

施設では，複数の子どもが生活空間を共有している．子どもと大人との関係だけではなく，子ども同士の関係にも十分な配慮が必要である．虐待や分離体験をした子どもには，子ども同士の関係の中に力に基づく関係が見られたり，対人関係そのものを避ける傾向が見られたりする．しかし，子どもは，ぶつかりあい，助けあい，協力しあう体験を通して，他者を信頼する気持ちが芽生え，社会性や協調性を身につけていくのである．施設生活は，画一化されたプログラムだけではなく，子どもたち個々の興味や関心を受け止める環境が求められる．そこでは，子どもの個性や能力が引き出され，子どもが

本来持っている成長力や回復力が促進される．子どもたちが将来に希望を持って，様々な体験を積重ねながら，夢を膨らませていくことが大切である．

グループワークとは，顔と名前が一致するメンバーのいる施設などにおいて，多様なプログラム活動を通して，メンバー同士の関係に働きかけ，彼らの問題を解決し，メンバー，リーダーともに成長していく援助の過程である．

代表的なグループワーク研究には，コノプカ（G. Konopuka）の「社会的諸目標モデル」やシュワルツ（W. Schwartz）の「相互モデル」などがある．つぎに，これを参考に，吉田[4]がまとめたグループワークの原則について紹介する．

① 個人尊重の原則
集団生活であるが重要なのはメンバー個々の課題解決や生活の質の向上である．

② 段階的取り組みの原則
メンバーの現状や集団の発達段階に応じて関わり，個人と集団を支援する．

③ 相互作用の原則
援助者がグループ内の相互作用を促し，メンバー同士，メンバーと集団，集団と援助者との関係をつなげる．

④ 制限の原則
集団活動では，メンバーが気持ちよく安全に活動するために必要な規則があり，それを守ることで社会に適応するための自分の律し方，規則や約束事を一緒に守り互いを大切にしあう経験を通じて，集団への帰属意識が高まることが期待される．

⑤ 評価の原則
常に集団活動，援助の成果を援助者とメンバーで評価しあう．

施設養護では，子どもたちの自立支援のために，個々の援助や集団を活用した援助の他，親子関係の再構築を図るために，ファミリーソーシャルワーク（第10章参照）も視野に入れた総合的な支援を行っている．また，その援助の質を担保するために，施設内で研修計画を立てスーパービジョン体制を

充実させることも重要となる.

第2節　施設養護の実際

　ここでは,施設での暮らしを綴った子どもの作文を紹介する.子どもの声を通して,ケースワークやグループワークの観点を踏まえて,専門職としての姿勢や援助について考える.

1　ケースワーク実践

【Aさんの作文】児童養護施設(以下,施設)に3歳で入所.施設では,子ども同士の上下関係が強く,年上の子には怖くて近寄れなかった.ある時,お風呂に入る時間が少し遅れ,年上の子と一緒に入ると,洗面器を投げられた.そのようなことが突然起こるため,年上の子には怯えながら接していた.だから,一緒に遊ぶときは,どうしたらいじめられず,気に入られるかを考えていた.(省略)年上の子が年下の子に感情をぶつけるから,小さい子は先生だけが頼りなのに,職員会議や引継ぎでいなくなると,大声で泣いても飛んできてくれる先生は少なかったから,日に日に施設の生活に不安が増したりした.まだ,小さいから,そんな怖いところから早く逃げたくて家出もした.まだ小さかったから,家出といっても公園に行って夕方まで遊んだり,近所のラーメン屋に行って自分を母親の元へ返してくれと頼んだり.入園当時担当の先生は,私が"いえでする"と言い出すと「行ってらっしゃい」と送り出し,日が暮れると「さあ,帰ろっか」とおんぶしてくれて,そのときは本当にうれしくて,そのときの先生の背中の温かさが,今でも感覚として残っているのは不思議.今,思うとこれらの行動の一つ一つには,甘えたくても素直になれない状況で育った分,温もりを求めていたのと,そうやって心から信頼できる「おとな」を幼いながら無意識の中で探していたのかもしれない.

(出所:『子どもが語る施設の暮らし2』[5])

〔演習1〕
①Aさんは，何に困っていたのか？ ②何を求めていたのか？ ③あなたが援助者なら，当時のAさんにどのように関わるか？ ④周りの環境にどのように働きかけるか？ を考えてみよう．

【Bさんの作文】私は小学3年生で入所，18歳で卒園した．4歳で母親が家を飛出し，何かあれば父親に殴り飛ばされ犠牲になっていた姉と兄．止めに入った無力な私と妹も突き飛ばされた．ただただ泣いて父親の気がおさまるまで怯えて…．下の弟は1歳に満たないため乳児院へ．それでも父親ひとりが7名の子どもを抱えて働いていたが，家は貧しかった．自分の存在が邪魔にならないよう甘えてはいけないと思った．楽しみにしていた遠足もお金がないから「あきらめなさい」と言われ，妹と一緒にその日を無理に笑って過ごすしかなかった．そのうち姉も施設へ，兄は非行に走り家に戻らなくなり，私と妹は最終的に施設の生活を選んだ．父は最後まで施設入所を反対し，私は大好きな父の気持ちを知っていたため，父に対して罪悪感があった．

　入所後も，小さい頃からたくさん我慢してきたせいか，自分の本音を人に伝えるのが今でも苦手．相手に気に入られること，合わせることだけ考えて，本音を言えなくなっていた．わがままな子だと言われるのが嫌だったし，何より嫌われるのがとても怖かった．中学生になり，小学生を優先させる職員に反発心が高まり，平気でひどいことを言うことができた．また，私がいつも言わないわがままを言うと，職員に「珍しく聞き分けのないことを言っている」と言われ，「こんな子だと思わなかった」と勝手に悲しがられた．私だって，わがままや不平不満を言ってみたくなるのに…．

> 大人はすぐに「答え」を出したがる．子どもが言ったことに何か言わなくてはと思うのか，ありきたりの言葉や意味のわからない言い訳みたいなことで返してきた．子どもはそんなことを求めているわけじゃない．自分の感じたこと，思ったことが正しいか間違っているか関係ない．気持ちを受け止めてほしかった．そう感じたことをわかってほしかった．わかってくれないから，反発だけを感じて努力をしなくなった．
>
> 　学校ではみんなに無視されて，必要のない存在に感じ，学園にいても気が休まらず，居場所がなく，私ひとりが死んでも世の中は何も変わらないと思っていた．生きる気力がなかった．「私は生きている．私だって生きている．本当は生きて，幸せを感じてみたい．誰かに必要とされたい．誰かに愛されたい」心の底からそう思った．
>
> （出所：『子どもが語る施設の暮らし』6)）

〔演習2〕

　①Bさんのお父さんへの思いはどのようなものか？　②職員や小学生に対する感情はどこからくるのか？　③Bさんは何を求めていたのか？　④Bさんの声を基にニーズを考え，さらに，どのような援助が必要か考えてみよう．

　例えば，Bさんの自立支援計画があると想定した場合，あなたが考えたBさんのニーズや援助内容が，すでに実行中の援助内容や方法と一致していれば，そのまま経過観察することになる．しかし，異なる場合は，改めて援助内容や方法を再検討するために，定期的または，必要に応じて，施設内のケース会議でBさんへの支援について検討することになる．

2　グループワーク実践

> 　国連「子どもの権利条約」に強い影響を与えた人物として知られるヤヌシュ・コルチャックは，1912年ワルシャワに「孤児たちの家」を設立さ

第 2 節　施設養護の実際

せた．コルチャック先生の考えは，「孤児たちの家」の生活は子どもたちの自治に任せ，子どもたちが選んだ 12 人の議員が会議を開き，規則を作る．裁判所の 5 人の裁判官にも子どもたちがなり，規則を守らない子どもの罰も決めた．コルチャック先生は一番大切なことは許すことと教えた．日曜の朝食後に，コルチャック先生を囲み，みんなで 1 週間の出来事や困っている問題を話し合った．夏には，「孤児たちの家」の全員で自然豊かな田舎にキャンプにでかけた．新しい子どもが入ると，ひとりずつ年上の子がついて，3 ヵ月間，親代わりに世話をした．やがて，その新しい子が，つぎに入ってくる子の世話ができるようになる．子どもたちが家族のような絆をもてるようになると考えた．こうして子どもたちは，自然に対する愛や尊敬の気持ちを抱くとともに，自立した生活，人の世話もできるようになった．金曜の夜は特別に楽しいことがあり，全員，食堂に集まりごちそうを食べた後，ゲームをしたり本を読んだりした．夜遅くには，広い寝室いっぱいに並べたベッドに入ると，コルチャック先生は，みんなにいろいろな物語やおとぎ話を話して聞かせた．これから生きていく人生には，思いがけない感動的な出来事がいっぱいあり，夢を抱き続けると必ず実現するということを，子ども達はお話から学んだ．
（出所：『コルチャック先生――子どもの権利条約の父』[7]）

〔演習 3〕
　コルチャック先生の実践から，グループワークの原則と重なる点を考えてみよう．

〔演習 4〕
　現在の施設養護の日常場面を想定して，例えば，子どもたちから「なぜ，施設に（入所）しているんだろう」，「これから，どうなるんだろう」，「なぜ，この門限があるんだろう」などの声が出てきた場合，それを受け止めて，グ

ループでの話し合いを設定する場合，どのように展開するか考えてみよう．

　その他にも，子どもの興味や関心を引き出したり，将来に夢を描けるようなグループでの活動プログラムの工夫が重要になる．そのような環境設定についても考えてみよう．

注
1) 厚生労働省雇用均等・児童家庭局長通知「児童養護施設運営指針」平成24年3月29日
2) 国際ソーシャルワーカー連盟により2014年7月オーストラリアメルボルンでの総会で採択された定義であり，日本国内のソーシャルワーク関係団体で組織する「社会福祉専門職団体協議会」が日本語訳したもの．
3) F. P. バイステック，尾崎新・福田俊子・原田和幸訳『ケースワークの原則〔新訳版〕——援助関係を形成する技法』誠信書房，1996年，p. 27
4) 吉田眞理『生活事例からはじめる社会福祉援助技術』青踏社，2009年，pp. 57-59
5) 『子どもが語る施設の暮らし』編集委員会編『子どもが語る施設の暮らし2』明石書店，2003年，pp. 177-178
6) 『子どもが語る施設の暮らし』編集委員会編『子どもが語る施設の暮らし』明石書店，1999年，pp. 171-182
7) トメク・ボガツキ作，柳田邦男訳『コルチャック先生——子どもの権利条約の父』講談社，2011年，pp. 11-29

参考文献
空閑浩人編『新・基礎からの社会福祉② ソーシャルワーク』ミネルヴァ書房，2015年
M. E. リッチモンド著，小松源助訳『ソーシャルケースワークとは何か』中央法規，1991年
黒木保博・横山穣・水野良也・岩間伸之『グループワークの専門技術』中央法規，2003年
カレル・ジャーメインほか著，小島蓉子編訳『エコロジカルソーシャルワーク　カレル・ジャーメイン各論文集』学苑社，1992年
小林育子・小舘静枝編『保育者のための相談・援助技術』萌文書林，2000年
小松源助『ソーシャルワーク実践理論の基礎的研究』川島書店，2002年
近藤次郎『決定版コルチャック先生』平凡社ライブラリー，2005年
全社協養護施設協議会編『続　泣くものか』亜紀書房，2012年

第12章　施設等の運営管理

第1節　施設等の運営

1　施設等の運営とは

　2000（平成12）年に「社会福祉法」が施行されたことにより，それまでの措置制度から，利用者の立場に立った利用契約制度へと移行された．

　社会的養護の分野では，現在でも乳児院，児童養護施設，児童自立支援施設においては，措置の方式をとっているが，第三者評価事業や苦情解決など，利用者本位のサービスの実現を目指した取り組みが行われている．

　また，施設等の運営は公正かつ適切に行われなければならないため，児童福祉施設で勤務する保育士の資質の向上が望まれており，そのためにも，職場における人材育成と労働環境の整備が重要である．

2　施設の運営

　児童福祉施設の運営形態は，大きく分けると国や地方公共団体が運営する公立施設と，社会福祉法人が運営する民営施設に分けられる．

　乳児院や児童養護施設の多くは民営で社会福祉法人が運営している．

　その社会福祉法人の役員には，理事と監事がいるが，理事は社会福祉法人を代表するものであり，理事によって構成される理事会が法人・施設の運営方針や事業計画，予算等の方針決定に参画する責任機関である．そして，監事は，理事の業務執行の状況および法人の財産の状況についての監査を行う機関である．

また，施設長は運営管理者であり，子どもへの適切な養育と支援，職員の管理，リスクマネジメント，他機関との連携など，様々な業務を統括している．

3　措置制度と措置費

措置制度とは，行政の権限によって，施設への入所やサービスの内容等を決定することであり，乳児院や児童養護施設，児童自立支援施設等の入所は措置制度に基づくものである．

そして，措置費とは施設利用者の必要経費を行政機関が施設に納めた上で，利用者やその家族から収入に応じた負担額を徴収する方式である．

措置費の内訳は事業費と事務費に分かれており，事業費は利用者の生活や訓練のための費用で，事務費は職員の人件費や施設の維持費などである．

4　第三者評価

第三者評価とは，公正かつ中立な立場の第三者機関が，福祉サービスについて専門的・客観的に評価するものである．そして，評価の結果を分析，検討し，施設として取り組むべき課題を明確にし，改善実施計画を立てて，実施するものである．

なお，社会的養護関係施設では，2012（平成24）年度より，施設の運営の質の向上を図るため，定められた評価基準に基づいて自己評価を行い，3年に1回以上の第三者評価の受診と審査結果の公表が義務づけられている．

5　苦情解決

苦情を受けつけた施設は，苦情に対して解決を図らなければならないが，施設を利用する子どもやその家族からの苦情は様々であり，対応には十分注意が必要である．もし，最初の対応を誤ると問題がこじれて，利用者に不愉快な思いをさせてしまうことも考えられる．施設職員は利用者の立場に立って，適切な対応をすることが望まれる．

第 2 節　施設等の管理

1　職員の労働管理

　施設職員が意欲的に業務を遂行するためには，管理者が職員の処遇の充実を図らなければならない．また，職員一人ひとりが意欲をもって日々の業務に取り組めるように，就業規則の整備や適正な評価と処遇が実現できる環境を整備することが求められる．そして，職員のバーンアウトを防ぐためにも職場のメンタルヘルス対策も重要である．

2　子どもの安全管理

　子どもたちが施設で安全に生活するためには心身の健康管理が大切であり，医療機関等との連携が必要である．そして，日々の暮らしのなかにどのようなリスクがあり，それを回避するための対策を講じたり，関係機関から協力が得られるような体制づくりをすることが必要である．

　また，子どもが問題行動を起こした場合には，その子どもに対して，適切に対応しなければならないが，当事者だけではなく，他の子どもたちへの影響も考慮する必要がある．

　それから，これは絶対にあってはならないことだが，施設職員によって子どもが虐待を受けることがある．そのような権利侵害を防止するために，「児童福祉法」第33条の10から17に「被措置児童等虐待防止等」が定められている．

　もしも，虐待を受けたと思われる児童を発見した者は，速やかに通告受理機関へ通告しなければならない（児童福祉法第33条の12第1項）とある．この場合，通告したことを理由として，職場から解雇その他不利益な取扱いは受けない（同法第33条の12第5項）とされている．

3　子どもの情報管理

　児童福祉施設の職員は，「児童福祉施設の設備及び運営に関する基準」の第14条の2で定められているように，業務上知り得た利用者である子どもとその家族の秘密を正当な理由なく漏らしてはならないという秘密保持義務がある．そして，2003（平成15）年には，「個人情報の保護に関する法律」が制定されており，個人情報の適切な取扱いが求められている．

第3節　施設運営にかかわる法令等

1　「児童福祉施設の設備及び運営に関する基準」

　児童福祉施設は「児童福祉法」をはじめとする法令に基づいて事業を行っており，国，都道府県，市町村が設置できるほか，社会福祉法人等が設置することもできる．特に施設の運営等については，「児童福祉法」や「児童福祉施設の設備及び運営に関する基準」に定められている．そして，児童福祉施設は定められた最低基準を超えて，常にその設備及び運営を向上させることが求められている．表12-1は入所施設における設備と職員の配置基準についてまとめたものである．

2　「社会的養護施設運営指針及び里親及びファミリーホーム養育指針」

　厚生労働省は2012（平成24）年に「児童養護施設運営指針」，「乳児院運営指針」，「情緒障害児短期治療施設運営指針」，「児童自立支援施設運営指針」，「母子生活支援施設運営指針」，「里親及びファミリーホーム養育指針」を定めた．この運営指針は，社会的養護を必要とする子どもたちへの養育・支援の内容と運営に関する指針を定めている．

　また，施設運営の理念や方法，手順などを社会に開示し，質の確保と向上

第3節 施設運営にかかわる法令等

表 12-1　児童福祉施設の設備及び運営に関する基準の主な内容

施設の種別	必要な設備	必要面積（1人）	職員	職員配置基準
乳児院	寝室，観察室，診察室，病室，ほふく室，相談室，調理室，浴室，便所	寝室 2.47m²，観察室 1.65m² 以上	小児科の診療に相当する経験を有する医師又は嘱託医，看護師，個別対応職員，家庭支援専門相談員，栄養士及び調理員，心理療法担当職員（対象者 10 名以上）	・看護師 満2歳未満1.6人に1人，満2歳以上3歳未満2人に1人以上，満3歳以上4人に1人． 看護師は保育士又は児童指導員に代えることができる． ただし，乳幼児 10 人の乳児院には 2 人以上，乳幼児が 10 人を超える場合は，10 人増すごとに 1 人以上看護師を置かなければならない．
母子生活支援施設	母子室（調理設備，浴室及び便所を設ける．1世帯につき1室以上），集会，学習などを行う室及び相談室，乳幼児 30 人未満は静養室，30 人以上を入所させる場合は，医務室及び静養室を設ける．	母子室 1 室 30m² 以上	母子支援員，嘱託医，少年を指導する職員及び調理員又はこれに代わるべき者，心理療法担当職員（対象者 10 名以上）	・母子支援員 10 世帯以上 20 世帯未満は 2 人以上，20 世帯以上は 3 人以上． ・少年を指導する職員 20 世帯以上 2 人以上．
児童養護施設	児童の居室，相談室，調理室，浴室，便所，定員 30 人以上は医務室，静養室，入所児童の年齢，適正等に応じて職業指導に必要な設備	児童居室 4.95m² 以上（居室定員 4 名以下），乳幼児のみの場合 3.3m² 以上（居室定員 6 名以下）	児童指導員，嘱託医，保育士，個別対応職員，家庭支援専門相談員，栄養士，調理員，看護師（乳児が入所している場合），心理療法担当職員（対象 10 名以上），職業指導員（職業指導実施の場合）	児童指導員・保育士の配置：満 2 歳未満 1.6 人に 1 人以上，満 2 歳以上 3 歳未満の幼児 2 人に 1 人以上，満 3 歳以上の幼児 4 人に 1 人以上，少年 5.5 人に 1 人以上． 看護師の配置：乳児 1.6 人に 1 人以上，ただし，1 人を下ることはできない．
児童自立支援施設	教科指導に関する設備（小学校，中学校，特別支援学校），他は児童養護施設（第 41 条）と同じ．	学校教育法の規定を準用，児童居室 4.95m² 以上（居室定員 4 名以下），男女の居室を別にする．	児童自立支援専門員，児童生活支援員，嘱託医，精神科診療経験を有する医師又は嘱託医，個別対応職員，家庭支援専門相談員，栄養士，調理員，心理療法担当職員，（対象 10 名以上），職業指導員（職業指導実施の場合）	児童自立支援専門員・児童生活支援員の配置：総数として児童 4.5 人に 1 人以上

（出所：厚生労働省「児童福祉施設の設備及び運営に関する基準」より筆者作成）

に資するとともに説明責任を果たすことにもつながるものである．そして，そこで暮らし，そこから巣立っていく子どもたちにとって，よりよく生きること（well-being）を保障するものでなければならないとしている．

参考文献
大竹智・山田利子編『保育と社会的養護原理』みらい，2013 年
小池由佳・山縣文治編著『社会的養護』ミネルヴァ書房，2012 年
櫻井奈津子編『社会的養護の原理』青踏社，2012 年
辰巳隆・岡本眞幸編『保育士をめざす人の社会的養護内容』みらい，2013 年

第 13 章　専門職の倫理の確立

第 1 節　専門職の倫理

1　児童福祉施設における職員の一般的要件

　児童福祉施設職員の一般的要件は,「児童福祉施設の設備及び運営に関する基準」(2014 年) の第 7 条において,「児童福祉施設に入所している者の保護に従事する職員は,健全な心身を有し,豊かな人間性と倫理観を備え,児童福祉事業に熱意ある者であつて,できる限り児童福祉事業の理論及び実際について訓練を受けた者でなければならない」とされている.保育士の基礎的要件として,ゆたかな人間性とともに倫理観を具備すべきことが求められている.

　倫理とは,「人倫のみち.実際道徳の規範となる原理.道徳.」(広辞苑)のことである.わかりやすくいえば,人が社会生活していく上で人として守るべき道や秩序のことである.私たちが生活していくときに,何らかの行為をする.そのときに,「善なのか」,「正しいことなのか」を判断する根拠が倫理である.その意味で,倫理とは私たちの生活の中でつねに問われている事柄といえる.

2　専門職の価値と倫理

(1)　専門職の倫理

　専門職にとって,この倫理は現実の実践の規範であり,原理である.とくに,広く対人支援に関与する援助者 (医師,看護師,理学療法士,作業療法士,

ソーシャルワーカーなど）にとっては，専門職の倫理は実践そのものの指針となる．専門性の要素としては，価値，専門知識，専門技術の3つがある．専門職の価値は，実践の土台となる専門職としての社会観，人間観のことであり，価値の実践の実践規範が倫理である．

(2) 社会的養護実践における価値

社会的養護の場で実践されるソーシャルワーク専門職の価値は，「すべての人間が平等であること，価値ある存在であること，そして尊厳を有していることを認めて，これを尊重すること」（「ソーシャルワーカーの倫理綱領」2000年）である．2014（平成26）年にソーシャルワークのグローバル定義が発表されたが，この中では原則として，「ソーシャルワークの大原則は，人間の内在的価値と尊重，危害を加えないこと，多様性の尊重，人権と社会正義の支持である」とされている．この価値を原則のもとに価値基準，行動規範，行動指針があり，それらを文章化したのが倫理綱領である．行動規範は，実践していく上での行動のガイドラインであり，実践上の業務も明確に記される．

子どもの権利擁護を使命とする社会的養護の保育士は，専門職の倫理を実践の指針としなければならない．

第2節　倫理綱領

保育実践と社会的養護実践に関わる倫理綱領には，「全国保育士協会倫理綱領」と「全国児童養護施設協議会倫理綱領」がある．

1　全国保育士協会倫理綱領

全国社会福祉協議会全国保育協議会全国保育士会が，2003（平成15）年に採択している．

本倫理綱領は，前文と次の8つの行動規範から構成されている．

① 子どもの利益の最善の尊重
② 子どもの発達保障
③ 保護者との協力
④ プライバシーの保護
⑤ チームワークと自己評価
⑥ 利用者の代弁
⑦ 地域の子育て支援
⑧ 専門職の責務

　前文では，保育士自らが人間性と専門性の向上に努めることが重要であるとし，「子どもの育ちを支える」，「保護者の子育てを支える」，「子どもと子育てにやさしい社会をつくる」ことをめざしていくと宣言している．

　そして，「子どもの利益の最善の尊重」，「子どもの発達保障」など保育実践を行っていく上での大切な倫理についてわかりやすく述べている．また，保育士の実践の場は保育や社会養護の領域にとどまらない「地域の子育て支援」にも求められている．

　いずれも，保育士の専門性の向上と同時に人間性の資質向上に資するとりくみが要望されていることが倫理綱領に明文化されている．

　なお，本倫理綱領の解説は全国保育士会より「学習シート」として公表されている．

　また，本倫理綱領をもとにした国立病院機構で働く保育士に合うように解説を追加した「国立病院機構全国保育士協議会倫理綱領」には，障がい児や難病児の事例をふまえた対応とそのポイントが掲載されている．

2　全国児童養護施設協議会倫理綱領

　「全国児童養護施設協議会」は，2010（平成22）年5月に「全国児童養護施設協議会倫理綱領」を策定している．

　児童養護施設は，社会的養護関係施設の中で歴史的にも，設置数にしても重要な役割を担っている．児童養護施設で生活する子どもたちは，家庭の事

情によって施設で生活せざるをえない状況にある．そのため，大人への信頼が乏しく，「試し行動」のような自分をどの程度まで受けとめてくれるのかを探るためにわざと困らせるような言動をとるケースも多々ある．子ども自身の思いと実際の言動の不一致があることもふまえ，職員は子どもとの信頼関係の構築が切に望まれているのである．

本倫理綱領の原則は，次のように述べられている．

「児童養護施設に携わるすべての役員・職員（以下，『私たち』という．）は，日本国憲法，世界人権宣言，国連・子どもの権利に関する条約，児童憲章，児童福祉法，児童虐待の防止等に関する法律，児童福祉施設最低基準にかかげられた理念と定めを遵守します．

すべての子どもを，人権，性別，年齢，身体的精神的状況，宗教的文化的背景，保護者の社会的地位，経済状況等の違いにかかわらず，かけがえのない存在として尊重します」．

また，使命は，「私たちは，入所してきた子どもたちが，安全に安心した生活を営むことができるよう，子どもの生命と人権を守り，育む責務があります．私たちは，子どもの意思を尊重しつつ，子どもの成長と発達を育み，自己実現と自立のために継続的な援助を保障する養育を行い，子どもの最善の利益の実現をめざします．」と主張している．

そして，具体的な倫理綱領として，10項目紹介している．どれも，前述の原則と使命をわかりやすく説明した内容である．たとえば，第3項では，「子どもの権利に関する条約」にあるように，子どもの意思決定権を含め，子ども自身の自己決定と主体性の尊重について記されている．パターナリズムに陥りやすい施設実践であるが，子どもの利益を最優先した養育（第1項），プライバシーの尊重（第5項），権利侵害の防止（第6項）は，とくに重要な倫理である．

また，子どもへの支援には家族，関係機関，地域との連携が不可欠であり（第4, 8項），職員自身のよりよい支援のために専門性の向上（第7項）も求められている．

第3節　専門職の倫理の課題

1　倫理綱領の遵守

　守秘義務も含め，専門職の倫理は実践現場で日々問われる事柄である．しかし，倫理綱領が公表されているとはいえ，毎日の実践では倫理綱領自体を意識して働いているわけではない．また，乳幼児，児童，家族への社会的支援では人材的にも不十分な状況にある．

　そこで，利用者へのエンパワメントアプローチが強調されているが，それ以前に職員同士のエンパワメントが必要である．日々の実践において支援者は心身の疲労の蓄積が生じる．職員同士，励ましあい，支えあうことで倫理に低触するような実践を少しでも避けることができる．倫理綱領が画餅(がべい)に帰すことにならないように，つねに倫理綱領にたちもどる勇気とともに職場全体のエンパワメントが不可欠といえる．

2　倫理的ジレンマ

　社会的養護の現場において複数の価値や倫理がぶつかりあう場面がある．このことを倫理的ジレンマという．ジレンマとは，葛藤のことである．たとえば，①子ども本人の希望と職務上の管理体制，②子ども本人の希望と家族の希望，③職場の運営方針と一人の専門職者との立場，④他の専門職者との専門的立場の相違などが生じた場合，ジレンマ状況となる．とくに，新任の職員に遭遇(そうぐう)することが多く，どのようにして解決していけばよいのかとまどうこともあるだろう．倫理的ジレンマは一人でかかえこまないで，ケース会議などの場において他職員からの意見や助言を受けたり，スーパービジョンを受けることが大切である．対人援助に携わる専門職者は，バーンアウト（燃え尽き症候群）しやすい状況にある．また，倫理に反するような「支援」や「不適切な支援」を実践してしまう危険性がある．スーパービジョンの支

持的機能を最大限に活用して，現場職員を心理的にも支える必要があるだろう．そのことで，一人ひとりの専門職者としての倫理の確立につながっていくのである．

　子どもたちの生存権と発達権を保障するのが対人援助に携わる専門職者の重要な使命である．乳幼児，子ども，そして家族の権利擁護の役割を果たす専門職は，日ごろから倫理綱領を確認していくことが求められる．そのためにも，職場において定期的な倫理綱領に関する研修の機会も必要であろう．

参考文献
相澤仁・林浩康編『社会的養護』中央法規，2015年
橋本好市・原田旬哉編『演習・保育と社会的養護内容』みらい，2014年
井村圭壯・相澤譲治編著『保育と社会的養護』学文社，2014年
全国保育士会編『全国保育士会倫理綱領ガイドブック（改訂版）』全国社会福祉協議会，2001年
全国保育士会倫理綱領ガイドブック改訂版作成委員会編著『医療現場の保育士と障がい児者の生活支援（改訂版）』生活書院，2013年

第 14 章　被措置児童等の虐待の防止

第 1 節　被措置児童等虐待防止対策の制度化

　日本では，戦後の 1947（昭和 22）年に「児童福祉法」が制定された．同法のなかには，保護が必要な子どもの通告義務，立ち入り調査，一時保護，家庭裁判所への申し立てに関する事項等が明記されたが，国民への周知・理解に課題を残したこともあり，長年に渡ってこれらの仕組みが円滑に機能してきたとは言い難い状況があった．

　高度経済成長を経た 1994（平成 6）年には，「児童の権利に関する条約」を批准したことで，子どもの基本的人権が一層注目されるようになる．条約批准の影響も受けて，この頃から児童相談所における虐待相談処理件数は次第に増加傾向を示す等，社会的にも児童虐待への関心は高まりを見せた．

　これらの流れを受けて 2000（平成 12）年に「児童虐待の防止等に関する法律（児童虐待防止法）」が制定・施行され，父母以外にも児童養護施設の施設長等の"現に子どもを監護している者"も「保護者」に含めて虐待の枠組みに位置づけることで，施設および里親家庭内における児童への暴力の抑止が企図された．しかし，意図に反して虐待事案が度々発生したことを受けて，2008（平成 20）年に児童福祉法が改正され，新たに被措置児童等虐待の防止のための枠組みが加えられた（翌年 4 月施行）．現在，この枠組みに沿って被措置児童等虐待防止に関する取り組みが進められている．

第2節　被措置児童等虐待

　2008（平成20）年の児童福祉法の改正で新設された「被措置児童等虐待の防止等」に関する規定では，被措置児童等虐待とは，「施設職員等」が「被措置児童等」について行う虐待行為と定義した．
　ここでいう「施設職員等」とは次の者をいう．

【施設職員等の範囲】
① 　小規模住居型児童養育事業に従事する者
② 　里親もしくはその同居人
③ 　乳児院，児童養護施設，障害児入所施設，児童発達支援センター，情緒障害児短期治療施設，児童自立支援施設の長，その職員，その他の従業者
④ 　指定医療機関の管理者，その他の従業者
⑤ 　一時保護所を設けている児童相談所の所長，職員，その他の従業者等

　次に，「被措置児童等」とは，様々な事情から家庭での養育が困難であるために保護を必要とする上記の①〜⑤に掲げる施設職員等が従事する施設その他に「委託された児童」，「入所する児童」，「一時保護を加える（加えることを委託された）児童」をいう．
　そして，被措置児童等虐待に該当する行為とは，施設職員等が被措置児童等に対して行う身体的虐待，性的虐待，ネグレクト，心理的虐待（総括して以下，虐待）に該当する行為（児童福祉法第33条の10）と定義している．施設職員等による虐待は，子どもにとっては過去の虐待経験に次ぐ「二次的虐待」[1]となる場合もあり，職業倫理上も許される行為ではない．
　前出にあるように，従来，児童福祉施設の長（以下，施設長）や里親は，現に子どもを監護している「保護者」に該当する．したがって，これらの者が虐待に該当する行為を行った際には「児童虐待防止法」に規定される児童虐待に該当し，施設職員による虐待を施設長が放置した場合にはネグレクト

の状況があるものと評価されてきた[2]．しかし，施設職員や従事者等は「保護者」には該当しないため，暴行等が起きた事実としては認められても，児童虐待として対応することが難しかった．その意味において，児童福祉法の改正によって被措置児童等虐待の定義が新たに設けられた意義は大きい．

第3節　被措置児童等虐待への対応

1　被措置児童等虐待防止ガイドライン

2009（平成21）年3月，翌月に「児童福祉法等の一部を改正する法律」が施行されること等を踏まえて，厚生労働省から「被措置児童等虐待防止ガイドライン」[3]（以下，ガイドライン）が示された．

ガイドラインでは，基本的な視点として，a）虐待を予防するための取り組み，b）被措置児童等が意思を表明できる仕組み，c）施設における組織運営体制の整備，d）発生予防から虐待を受けた児童の保護，安定した生活の確保までの継続した支援を掲げ，被措置児童等虐待の防止に着目した枠組みとして，都道府県・政令市・児童相談所設置市において被措置児童等に対する支援策を講ずる際の参考にすることを求めている．

また，被措置児童等虐待対応の全体の流れは，図14-1のようなイメージが示されている．主なところでは，①【被措置児童等虐待児童の発見と通告】→②【初期対応（相談・通告・届出への対応）】→③【被措置児童等の状況把握・事実確認】→④【被措置児童等に対する支援】→⑤【施設等への指導等】の流れのなか，関係者間で共通認識・連携を取りながら，子どもの安全確保や施設への指導を実施していく構図となっている．

2　被措置児童等虐待届出等制度の実施状況

各都道府県では，児童福祉法（第33条の16）および同法施行規則（第36条の30）の規定に従い，被措置児童等虐待の状況の把握および被措置児童等

第 14 章 被措置児童等の虐待の防止

図 14-1 被措置児童等虐待対応の流れ（イメージ）

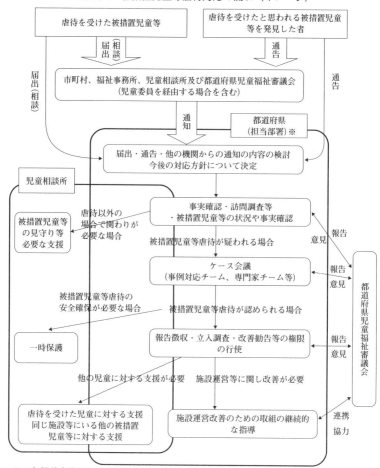

※ 各都道府県において担当の主担当となる担当部署を定めておくことが必要です。

（出所：厚生労働省雇用均等・児童家庭局家庭福祉課，社会・援護局障害福祉部障害福祉課「被虐待児等虐待対応ガイドライン――都道府県・児童相談所設置市向け」2009 年, p.12）

虐待の防止に向けた取り組みの推進を目的として，「被措置児童等虐待の状況」，「被措置児童等虐待があった場合に講じた措置」，「その他厚生労働省令で定める事項（施設等の種別や被措置児童等虐待を行った施設職員等の職種）」の実施状況を公表している．

厚生労働省「被措置児童等虐待届出等制度の実施状況」[4]によると，2013（平成25）年度に全国の69都道府県市（全国47都道府県，20指定都市および2児童相談所設置市）で受け付けた被措置児童等虐待に関する届出・通告の受理件数は288件であり，届出・通告者総数は297人にのぼる．虐待の有無に係る事実確認が行われた事例（繰り越し事例を含む）のうち，虐待の事実が認められた件数は87件であり，「児童養護施設」49件（56.3%），「里親・ファミリーホーム」13件（14.9%），「児童自立支援施設」・「障害児入所施設等」各11件（12.6%）等である．虐待の種別・類型は，「身体的虐待」55件（63.2%），「心理的虐待」17件（19.5%），「性的虐待」13件（14.9%），「ネグレクト」2件（2.3%），性別は男子92人，女子63人（総数155人）の状況である．

虐待の事実が確認された後の法人・施設等の対応のうち，施設の体制等の改善に向けた対応としては，検証委員会・再発防止委員会の設置や権利擁護等に関する専門性の向上を図る工夫のほか，子どもの意見を汲み上げる仕組みを構築，職員の配置換え等を行うことが上位を占めた．また，虐待を行った職員への法人・施設等の対応では，個別の指導，各種研修への参加，指導体制の見直し，配置転換，停職・免職等の懲戒処分が実施されている．

一方で，児童および保護者等への対応としては，被害児童の一時保護，心理的ケア，子どもの意見を拾いやすい環境の整備等，状況の改善に向けての取り組みが行われている姿を窺い知ることができる．

第4節　被措置児童等虐待の防止に向けた取り組み等

1　施設等における組織運営体制の整備

　被措置児童等への虐待の防止策を講じるにあたっては，まずもって子どもたちが安心して適切な支援が受けられる生活環境が存在することが必要であり，そのためには権利擁護や支援等に関する正しい認識のもとでの組織的な取り組みが不可欠である．とりわけ，施設運営そのものについては，施設の職員と施設長が意思疎通・意思交換を図れる環境を構築していく等，相互理解や信頼関係のもとに連携のとれた組織づくりを進めることが重要である．

　また，閉鎖的な運営体制にならないためには，第三者評価の受審等，外部評価（意見）を真摯に受けとめて改善に役立てていくほか，ボランティアの受け入れ等を通して外部の人の目を入れて開かれた組織運営を行い，透明性を高めていくことも効果的である．

2　職員の研修，資質の向上

　施設職員等が養育・支援を展開するにあたっては，昨今の児童養護施設を例にとっても，障がい等を抱える子どもや複雑な生活課題を抱えた家庭が増加していること等，子どもや家庭の姿は以前にも増して多様・複雑化してきている．

　一方で，施設の小規模化をはじめとして「家庭的養護の推進」が図られている現在では，地域小規模型児童養護施設（グループホーム）では大舎制と比べて職員配置が手薄になりがちで新任職員の育成が難しいことなど，配置体制に重大な課題もみられる．また，「家庭養育」の環境に近づけば近づくほど，それだけ職員と子どもたちとの関わりは密になり，子どもとの直接的な対応も自然と多くなる．このなかにあって，子どもに対する対応方法が未熟な施設職員等に対してスーパービジョンの機会を設けたり，子どもとの問

題を抱え込むことがないようにメンタルヘルス対策を行うこと等の取り組みは，職員の不適切な関わりやバーンアウトを予防する観点からも重要である．重ねて，ケーススタディや研修会の機会を通して，個々の施設職員の理解や視野の広がりを促す取り組みが期待されるところである．

3　子どもが意見を表明できる仕組み

施設や里親家庭において安心した生活を送るためには，子ども自らが施設職員等から大切にされていると感じることができる環境にあることが重要である．常日頃の生活のなかで子どもの意見を汲み上げていくほかにも，自立支援計画は子どもの理解のうえに策定することや，「子どもの権利ノート」を活用して自らが持つ権利について正しく理解できるように働きかけていくことは，子どもの主体性（能動的権利）を尊重していくうえでの基本的な事柄である．

しかしながら，乳幼児や重度の障がい児の場合には，子ども自らが思いや考えを主張できないことも多い．そのため，保護者や関係諸機関・職種と協力をして多角的かつ客観的な視点から捉え，その子にとって何が大切なのか，何が必要なのか等，常に当事者の立場から考えていく視点が大切である．ひいては，このような取り組みが，子どもの権利擁護や生活の質（Quality of Life）の向上に繋がっていくものと考えられる．

注
1) 福永博文編著『社会的養護内容（新版）』北大路書房，2014年，p. 42
2) 日本子ども家庭総合研究所編『子ども虐待対応の手引き』有斐閣，2014年，p. 5
3) 厚生労働省雇用均等・児童家庭局家庭福祉課，社会・援護局障害保健福祉部障害福祉課「被虐待児等虐待対応ガイドライン――都道府県・児童相談所設置市向け」2009年
4) 厚生労働省「平成25年度における被措置児童等虐待への各都道府県市の対応状況について」(http://www.mhlw.go.jp/stf/seisakunitsuite/bunya/kodomo/kodomo_kosodate/syakaiteki_yougo/04.html)

参考文献

川﨑二三彦『児童虐待――現場からの提言』岩波書店，2006 年
川﨑二三彦・増沢高編著『日本の児童虐待重大事件 2000-2010』福村出版，2014 年
日本子ども家庭総合研究所編『子ども虐待対応の手引き』有斐閣，2014 年
西澤哲『子ども虐待』講談社，2010 年

第15章　社会的養護と地域福祉

第1節　地域福祉の概念と社会的養護

1　地域福祉とは

　地域福祉とはそれぞれの地域において人々が安心して暮らせるよう，地域住民や公私の社会福祉関係者がお互いに協力して地域社会の福祉課題の解決に取り組む考え方である．2000（平成12）年に制定された「社会福祉法」において地域住民，社会福祉関係者などが相互に協力して地域福祉の推進に努めるように定められた．くわえて，同法第4条において福祉サービスを必要とする人たちが地域社会を構成する一員として日常生活を営み，そして社会，経済，文化に限らず，あらゆる分野の活動に参加する機会を得ることができるよう，地域福祉を推進することの重要性が明記されたことはこれからの社会福祉の方向性をあらためて示したものといえる．つまり，①地域住民が要支援者を「特別な存在」ではなく「対等の存在」であると意識すること，②福祉行政の枠を超えて関連する医療，教育，雇用，住宅などに至る生活行政の再編成を課題としてとらえることである．

2　地域福祉と社会的養護

　地域福祉はホームヘルプサービスや「福祉サービス利用援助事業（日常生活自立支援事業）」といった法に基づき制度化された福祉サービスや事業のみによって実現するものではなく，地域住民，ボランティア，行政・関係諸機関，社会福祉関係者が協働して実践することによって支えられている．近年，

社会・経済状況の大きな変化にともない，これまでは福祉の対象になりづらかったホームレスなどの社会的援護を要する人たちへの支援，また，ひきこもりや虐待などの新たな社会的課題への対応が早急に求められるようになってきた．そのため，地域社会での支え合い活動への取り組みの推進が重要である．そのなかで社会的養護における様々な課題に対応するとき，上述のように地域福祉の果たす役割は大きく，そのポイントとして①ボランティアや寄付などの「地域からの支援」，②施設の設備・機能や専門性の提供などの「地域への支援」，③地域と協働して諸課題に対応するなどの「地域との支援」といった視点が大切となる．

第2節　地域における社会的養護の実践

1　子どもを守る地域ネットワーク（要保護児童対策地域協議会）

　子どもを守る地域ネットワークの果たすべき機能において要保護児童などの早期発見，適切な保護・支援を図るためには関係機関が要保護児童などに関する情報や考え方を共有し，適切な連携のもとで対応することが重要であり，市町村（場合によっては都道府県）が子どもを守る地域ネットワークを設置して関係機関相互の連携や役割分担の調整を行う機関を明らかにするなどの責任体制を明確にするとともに個人情報保護の要請と関係機関における情報共有の在り方を明確化することが必要である．具体的には①要保護児童対策地域協議会の設置・運営，②乳児家庭全戸訪問事業の実施，③養育支援訪問事業の実施などがあげられる．

2　地域の子育て家庭支援施策

　児童養護施設や保育所を経営する社会福祉法人などが実施主体となり地域の子育て家庭へ提供している主たる事業には次のようなものがある．
①　地域子育て支援センター事業

子育ての不安に対する相談・指導や子育てサークルへの支援など，地域の子育て家庭に対する育児支援を行う．
② ショートステイ事業（短期入所生活援助事業）
保護者が病気になった場合など，児童養護施設などにおいて一時的に児童を短期間（7日間程度）預かる．
③ トワイライトステイ事業（児童夜間養護等事業）
保護者が仕事などにより帰宅が夜間になる場合や休日の勤務の場合に児童養護施設などにおいて一時的に預かる．

3　児童健全育成施策（子どもが健やかに育つための施策）

児童健全育成施策とはすべての児童をより健全に育成するための施策である．地域における健全育成の拠点である児童厚生施設（児童福祉法にもとづく児童福祉施設の1つで児童に健全な遊びを与えてその健全育成を図る目的で設置された施設で児童遊園，児童館などがある）の設置・普及，地域を基盤とした児童と母親たちの地域組織活動，放課後児童健全育成事業，児童クラブの設置・育成，優良な児童福祉文化財の推薦などがある．

第3節　地域福祉における社会的養護の課題

1　地域と入所児童

地域の児童福祉施設に対する理解が十分に進んでいない現状がある．また，入所児童は児童虐待などの環境下にあったケースが多いため入所児童が自発的に地域住民と友好的にかかわることは容易ではない．したがって，施設職員が入所児童と地域住民の近隣関係を結び，入所児童を地域住民とともに保護するような環境をつくり出していく必要がある．

2 施設と地域の関係

　入所施設では内部の環境ですべて間に合ってしまうことがある．くわえて，人的資源は施設職員がいるため地域の大人から直接の手助けが必要でない状況にある．つまり施設内の物理的・人的資源がかえって地域との接点を少なくさせているともいえる．一方，地域は近年，ひとり親家庭の増加などを要因として地域から孤立する家庭が増加傾向にある．したがって，地域社会における児童福祉・児童健全育成を推進する核となる人材や組織が十分ではないことから施設，地域，双方がお互いにかかわりをもち，協力することは互恵性があるといえる．つまり，施設のなかだけではなく地域のすべての子育て中の家庭への援助も仕事であることを施設は常に意識していることが求められる．やがてそれが地域全体で児童を保護する環境になっていくという変化につながっていくのである．

3 地域と退所児童

　2004（平成16）年の児童福祉法改正において児童養護施設では「退所した者に対する相談その他の自立のための援助を行うこと」を目的とすることになり児童へのアフターケアが法的に位置づけられた．そのなかで児童のアフターケアは現状施設のみでできるものではない．どの地域でも退所児童の拠り所がある社会システムとしてのアフターケアがつくられていく方向性が求められている．

4 地域と連携した児童の権利擁護

　施設を閉ざすのではなく地域に開いていくことが児童の権利擁護につながる．児童福祉施設から地域の学校に通学する児童のために職員が学校に出向くこと，地域に職員が顔を出す機会を増加させることは不可欠となる．その結果，必然的に施設，学校，地域の関係が深くなることは互いに利点があるといえよう．

5　社会資源と児童のつながり

　施設内での職種間の連携にくわえ，関係機関，地域，学校などの社会資源と児童をつなぐことが大切となる．個々の児童のニーズが複雑になり抱える問題も複雑化・重度化するなかで外部の社会資源との協働が必要になる．したがって，日常生活の援助者として個々の児童や家族の状況などを把握している担当保育士や児童指導員がそのキーパーソンとなることが期待される．

参考文献
井村圭壯・相澤譲治編著『保育と社会的養護』学文社，2014年
流王治郎・赤木正典編著『社会的養護論（第2版）』建帛社，2014年
吉田眞理『児童の福祉を支える児童家庭福祉』萌文書林，2012年
浅野仁監修『福祉実践の未来を拓く』中央法規，2008年

執筆者一覧

第1章	谷村 秀太(たにむら ひでた)	愛知学泉短期大学
第2章	大和海(だいわかい) 好宗(よしむね)	駒沢女子短期大学
第3章	祐東(ゆうとう) 督壯(とくまさ)	高知学園短期大学
第4章	古川(ふるかわ) 慶(けい)	郡山女子大学短期大学部
第5章第1節	今井(いまい) 圭正(けいせい)	関西女子短期大学
第5章第2節	井村(いむら) 馬野(まの)	岡山県立大学
第6章	美古(みふる) 和生(かずお)	北海道文教大学
第7章	古野(ふるの) 英治(ひではる)	純真短期大学
第8章	大谷(おおたに) 誠(まこと)	上田女子短期大学
第9章	浅沼(あさぬま) 裕雅(ゆうが)	中京学院大学中京短期大学部
第10章	笹尾(ささお) 雅麻(まさあさ)	貞静学園短期大学
第11章	砂川(すながわ) 麻雅(まさが)	沖縄女子短期大学
第12章	天摩(てんま) 和治(かずはる)	八戸学院短期大学
第13章	相澤(あいざわ) 譲正(じょうせい)	神戸学院大学
第14章	隣谷(となりや) 正範(まさのり)	松本短期大学
第15章	大川(おおかわ) 明宏(あきひろ)	国際学院埼玉短期大学

編著者紹介

井村圭壯（いむら・けいそう）
1955 年生まれ
現　在　岡山県立大学教授，博士（社会福祉学）　保育士
主　書　『養老事業施設の形成と展開に関する研究』（西日本法規出版，2004 年）
　　　　『戦前期石井記念愛染園に関する研究』（西日本法規出版，2004 年）
　　　　『日本の養老院史』（学文社，2005 年）
　　　　『日本の社会事業施設史』（学文社，2015 年）
　　　　『社会事業施設・団体の形成史』（学文社，2015 年）

相澤譲治（あいざわ・じょうじ）
1958 年生まれ
現　在　神戸学院大学教授
主　書　『福祉職員のスキルアップ』（勁草書房，2005 年）
　　　　『介護福祉実践論』（久美出版，2005 年）
　　　　『スーパービジョンの方法』（相川書房，2006 年）
　　　　『相談援助の基盤と専門職（第 3 版）』（編著，久美出版，2014 年）
　　　　『ソーシャルワーク演習ケースブック』（編著，みらい，2014 年）

保育実践と社会的養護

2016 年 2 月 20 日　第 1 版第 1 刷発行

編著者　井村圭壯
　　　　相澤譲治

発行者　井村寿人

発行所　株式会社　勁草書房
112-0005　東京都文京区水道2-1-1　振替 00150-2-175253
電話（編集）03-3815-5277／ＦＡＸ 03-3814-6968
電話（営業）03-3814-6861／ＦＡＸ 03-3814-6854
港北出版印刷・中永製本

Ⓒ IMURA Keiso, AIZAWA Jôji 2016

ISBN978-4-326-70091-2　Printed in Japan

〈(社)出版者著作権管理機構　委託出版物〉
本書の無断複写は著作権法上での例外を除き禁じられています。
複写される場合は，そのつど事前に，(社)出版者著作権管理機構
（電話 03-3513-6969，FAX 03-3513-6979，e-mail : info@jcopy.or.jp）
の許諾を得てください。

＊落丁本・乱丁本はお取替いたします。
　　　　　　http://www.keisoshobo.co.jp

井村圭壯・相澤讓治編著
児童家庭福祉の理論と制度　　　2,400 円

井村圭壯・相澤讓治編著
児童家庭福祉の成立と課題　　　2,400 円

K. E. リード著，大利一雄訳
グループワークの歴史　　　3,400 円

J. M. ストーン著，大利一雄ほか訳
ボランティアのグループ指導入門　　　1,100 円

賀戸一郎，佐々木隆志編著
サクセスフルエイジングのための福祉　　　2,400 円

R. ジャック著，小田兼三ほか訳
施設ケア対コミュニティケア　　　3,500 円

相澤讓治，栗山直子編著
家族福祉論　　　2,400 円

相澤讓治
福祉職員のスキルアップ　　　2,400 円

村上須賀子・京極高宣・永野なおみ編著
在宅医療ソーシャルワーク　　　2,200 円

田中千枝子
保健医療ソーシャルワーク論〔第 2 版〕　　　2,400 円

――勁草書房刊

＊表示価格は 2016 年 2 月現在、消費税は含まれておりません。